John David Morley

Die Tage des Leguans

Meine Zeit bei Elizabeth Taylor und Richard Burton

Aus dem Englischen
von Bernd Rullkötter

Piper
München Zürich

Von John David Morley sind bei Piper
außerdem erschienen:
Nach dem Monsun
Die Grammatik des Lächelns

Gedichtnachweis: J. Schipper, *William Dunbar.*
Sein Leben und seine Gedichte (Berlin: Verlag von
Robert Oppenheim, 1884).

ISBN 3-492-04379-8
© Piper Verlag GmbH, München 2002
Gesetzt aus der BemboBQ
Gesamtherstellung: Kösel, Kempten
Printed in Germany

www.piper.de

Meine Zeit bei Elizabeth Taylor und Richard Burton

1

Kurz nach dem Start erlischt das »No Smoking«-Zeichen. Die Stewardeß geht mit einem Tablett Drinks durch den Gang. Einen Cocktail, Sir? Nicht nur einen, bitte. Die erste Pall Mall steigt fröhlich aus einem neuen Päckchen auf. Rasch zünde ich sie an, beruhigt durch den Gedanken, daß 19 Verstärkungen in dem Päckchen darauf warten, mir auf dem zwölfstündigen Flug beizustehen. Die Regeln der Zeit sind außer Kraft gesetzt. Ich bin Teil einer Verschwörung, die die Phantasie zur Realität machen soll. Meine Maschine hebt gegen Mittag in Paris ab. Sie macht eine Zwischenlandung in London. Auf wundersame Weise wird sie in Los Angeles nur knapp später eintreffen, als sie gestartet ist. Während die Küste Irlands dem umfassenden Grau des Meeres weicht, wird Roastbeef mit einem Château Neuf des Jahrgangs 1966 serviert. Dem Entree folgen ein Zitronensorbett, Pralinen und eine Auswahl an Likören, die ich sämtlich probiere. Wann werde ich wieder eine solche Gelegenheit haben? Ich bin bereits ein wenig betrunken. Die Kabinenbeleuchtung wird gedämpft. Der Vorspann von Hitchcocks neuem Film *Topaz* erscheint auf der Leinwand, als wir Island hinter uns lassen und über Grönland hinwegfliegen.

Es ist das erste Mal, daß ich den Atlantik überquere. Ich schaue hinunter auf die weiße Wüste Grönlands mit ihren riesigen, bergähnlichen Eisschollen und begreife, daß ich durch einen nie endenden Tag fliege. Zwischen mir und der Nacht bleibt stets so viel Tageslicht, daß es nicht dunkel wird. Dieser lichtstehlende Flug über den Atlantik ist der Unsterblichkeit vielleicht so nahe, wie man ihr nur kommen kann: auf Einladung von Elizabeth Taylor mit einem Flug erster Klasse unterwegs nach Hollywood, zweiundzwanzig Jahre alt und allzeit bereit, die Wünsche einer reifen Schönheit zu erfüllen. Auch Richard Burton soll es irgendwo geben, aber bis jetzt hält er sich im Hintergrund.

Bin ich der einzige an Bord, der über den fliegenden Teppich des nie endenden Tages staunt? Das Paar aus San Diego neben mir ist unbeeindruckt. Genauso wie der Geschäftsmann im karierten Anzug. Der Hippie mit den zerrissenen Jeans und dem Batik-Hemd auf der anderen Gangseite hat sich zusammengerollt und ist eingeschlafen, nachdem er eine Zigarette mit einem recht seltsamen Duft geraucht hat. Er mag arm aussehen, aber er ist es nicht. Geld ist der Grund, warum wir hier sind.

Als ich in LA von Bord gehe, trage ich eine Krawatte mit üppigem Blumenmuster, geradezu einen Blumenstrauß. Sie paßt zu dem gestreiften Anzug, den ich eigens für diese Reise in einem Laden in der King's Road gekauft habe, der gerade im Trend ist. Außerdem trage ich einen Spitzbart. Das ist ungefähr so viel Bart, wie ich mir habe wachsen lassen können. Der Spitzbart macht den Eindruck, als wäre er von Motten angefressen, aber ich sehe lieber wie von Motten angefressen aus als jung. Es ist mir schon immer peinlich gewesen, wie jung ich aussehe, und ich hoffe, daß der Bart mich älter wirken läßt, zumindest älter als meine Schüler, vielleicht alt genug, um als Privatlehrer von Elizabeth Taylors Kindern ernst genommen zu werden. Bisher hat mich niemand zu Gesicht bekommen, denn ich bin am Telefon angeheuert worden.

Der Einwanderungsbeamte am Ausgang für Aliens, keine Außerirdischen allerdings, sondern nur Ausländer, inspiziert mich an der Stelle, an der ich auf dem Boden der Tatsachen leicht schwankend gelandet bin. Er mustert den von Motten angefressenen Bart und den Anzug, der unter dem künstlichen Licht rosa wird, all die Verdächtigkeit meiner unverzeihlichen Jugend, und er fragt mit düsterer Stimme, was ich hier in Los Angeles vorhätte. Ich bin angewiesen worden, den wahren Charakter meiner Mission niemandem gegenüber zu erwähnen. Nichts, erwidere ich wahrheitsgetreu, ich bin auf der Durchreise nach Mexiko und werde nur zwei Tage in der Stadt sein. Der Einwanderungsbeamte nickt – billigend, wie ich glaube –, stempelt mein Visum, und ich darf Amerika betreten.

Auf meinem Weg zur Gepäckausgabe entfernen zwei stämmige Cops einen Teil des Geländers um den abgesperrten Bereich, durch den wir geschleust werden, und eine zerbrechlich wirkende Frau erscheint in der Lücke. Sie ruft meinen Namen. Sind Sie…? Ja, sage ich, das bin ich. Hallo, sagt die Frau, ich heiße Marjorie Dee. Warum kommen Sie nicht hier durch? Ich antworte Marjorie Dee, daß ich es nicht darf. Ich muß zuerst mein Gepäck abholen und mich beim Zoll präsentieren. O nein, nicht nötig, sagt sie, und winkt mich mit einer ungeduldigen Handbewegung heran. Er erledigt das für Sie. Wir haben den fliegenden Teppich für Sie ausgerollt. Sie sind ein VIP. Wußten Sie das nicht?

Wir treten aus dem Flughafengebäude hinaus in den Sonnenschein. Fast erwarte ich, daß Marjorie Dee sich wie durch Zauber in die Luft erhebt oder mir sonst irgendeinen Streich spielt. Sie geht wie eine Elfe an einer Leine, vielleicht wie eine arthritische Elfe, die Unfug anstellen möchte, es jedoch aus medizinischen Gründen nicht kann. Sie trägt eine türkisfarbene Hose und eine orientalisch geschnittene Bluse mit einem bis zur Kehle zugeknöpften Mao-Kragen. Neben ihrem elfengleichen Wesen besitzt sie Grazie und Anmut. Maurice, der Chauffeur, steigt aus einem enormen schwarzen Cadillac, um uns den Schlag zu öffnen. Ich kann mein Gepäck nicht sehen und mache mir Sorgen. Marjorie empfiehlt mir, meine Sorgen ihr zu überlassen. Wir klettern in das kühle, dunkle Innere. Der Wagen schnurrt davon.

Auf der Fahrt zum Beverly Hills Hotel bringt sie meinen Terminplan auf den aktuellen Stand. Meine beiden Schüler, Chris Wilding, Elizabeths Sohn, und Chris Taylor, ihr Neffe, den sein Vater widerwillig mitschicken wird, um die Erziehungspille für seinen Cousin zu versüßen, sind noch auf Hawaii. Anscheinend sind sie durch spektakuläre Wellen vor Kauai zurückgehalten worden, die nun, wie es heißt, für kosmische Surfmöglichkeiten sorgen. Ernsthafte Surfer aus Kalifornien haben sich bereits ihre Bretter geschnappt und sind hingeflogen, um auf den gewaltigen Wellen zu reiten. Deshalb gibt es noch kein Datum für die Ankunft von Chris & Chris in LA, sagt sie. Unsere Abreise nach Mexiko könnte sich hinauszögern.

Marjorie meint, daß Howard Taylor, Elizabeths Bruder und pensionierter Pirat, schuld an der Verzögerung ist. Er hat immer noch Bedenken, seinen Sohn auf diese Bildungsreise zu schicken. Gestern abend hat er eine Frage nach meinen Surffähigkeiten telegrafiert. Er wolle seinen Sohn keinem Lehrer anvertrauen, der nicht surfen könne. Einen Moment lang bin ich beunruhigt. Bisher war keine Rede davon, daß ich Surfunterricht geben muß. Ich erkläre Marjorie, ich hätte keine Qualifikationen solcher Art. Surfen sei nicht auf dem Lehrplan von Oxford gestanden. Sie berührt meinen Arm mit ihrer Elfenhand und lacht. Keine Sorge. Howard macht immer Späßchen. Howard hat Späßchen gern.

Der Cadillac hält an einem Seiteneingang unter einer gestreiften Markise, die an Bonbonpapier erinnert. Auf einem Schild steht: Beverly Hills Hotel. Ein unauffälliges Gebäude mit vier oder fünf Etagen erhebt sich in einem Garten mit üppigen Palmen, Rasenflächen und blühenden Sträuchern. Als ich aus dem klimatisierten Innern des Cadillacs steige, merke ich, wie warm es ist. Ich schwitze. Mein Anzug ist ungeeignet. Hätte ich etwas Geeigneteres in meinem Koffer, würde ich mich jetzt umziehen. Smarte Strandkleidung wäre besser gewesen, doch smarte Strandkleidung war in England nicht zu bekommen.

Marjorie mit ihrem elfenhaften Scharfsinn kann möglicherweise meine Gedanken lesen, oder vielleicht ist sie bloß aufmerksam. Sie fragt, ob ich mich ein wenig frisch machen möchte, bevor wir uns zu einem Drink in der Polo Lounge treffen.

Der Hotelpage, der mich zu meinem Zimmer führt, ist ein militärisches Zwitterwesen. Er trägt die Jacke eines Tambourmajors und die kecke Mütze eines Husaren, genau wie die Hotelpagen in alten Filmen. Seine Livree ist aus dem gleichen Stoff wie die Markise am Eingang. Er sieht aus, als wäre er in der Unterwäsche vom Dach geworfen worden, durch die Markise gestürzt und auf der anderen Seite in Livree wieder herausgekommen. Hotelpagen sehen nicht wie echte Menschen aus, sie sehen aus, als hätte man sie auf ihre Uniform gemalt.

Wenn ich mich über den Hotelpagen lustig mache, fällt es mir leichter, mich damit abzufinden, daß er mein Gepäck trägt. Obwohl ich einen Bart habe und er nicht, bin ich offensichtlich viel jünger als er, und es bereitet mir Unbehagen, daß ein älterer Mann mein Gepäck schleppt. Es mag sich um eine jener europäischen Vorstellungen handeln, die in Amerika seltsam, wenn nicht lächerlich wirken, aber das läßt sich nicht ändern. Unter den Richtlinien, die mir mein Vater schon früh im Leben mitgab, war auch folgende: *Laß nie zu, daß Ältere dein Gepäck tragen.*

Der Page zeigt mir, wie das Zimmer funktioniert. Obwohl es nur ein einziger Raum ist, spricht er von einer Suite. Sie enthält ein Himmelbett mit blauen Satinvorhängen, zwei Fernsehapparate und das Armaturenbrett für die Klimaanlage. Im Badezimmer hängt ein Telefon an der Wand, so daß man mit der Außenwelt in Kontakt bleiben kann, selbst wenn man auf der Toilette sitzt. Sobald ich allein bin, werde ich das ausprobieren.

Neben einem elfenbeinfarbenen Telefon, das im klimatisierten Zwielicht der Polo Lounge glänzt, sitzt Marjorie und trinkt Tonic Water. Sie fragt mich, was ich möchte. Ich schaue in die Karte. Die Preise sind erschreckend. Das billigste Getränk ist Orangensaft, und selbst das kostet einen Dollar. Ich bestelle ein Bier. Marjorie fängt gerade an, mir von ihrer Arbeit zu erzählen, als das Telefon auf dem Tisch klingelt.

Der Anruf hat mit einem PR-Termin für Robert Stephens und Maggie Smith zu tun. Die beiden sind Kollegen in der Royal Shakespeare Company und gleichzeitig Partner im Privatleben. Sie sind zur Zeit in den Staaten, um Reklame für ihren neuen Film, *Die besten Jahre der Miss Jean Brodie,* zu machen. Maggie Smith ist für einen Oscar nominiert worden. Ich bin ganz Ohr, besonders was Klatsch über Robert Stephens betrifft. Hier drüben scheint niemand von Stephens gehört zu haben, aber ich bin ein großer Fan von ihm. Wie ist er, frage ich Marjorie, als sie den Hörer auflegt. Als Schauspieler? Nein, als Mensch. Das Telefon klingelt erneut. Langweilig, kann sie noch sagen, bevor sie den Hörer wieder aufnimmt.

Marjorie Dee ist PR-Agentin der Hollywood-Studios. In deren Auftrag führt sie jede Woche mehrere hundert Telefonate. Als Freundin und loyales Mitglied der Burton-Taylor-Entourage macht sie, wie sie glaubt, weitere hundert Anrufe. Ich lebe praktisch am Telefon, vertraut sie mir zwischen zwei Telefonaten oder auch mal im Verlauf eines Telefonats an. Ein großer Teil ihrer Unterhaltung mit mir beschränkt sich auf diese Zwischenbemerkungen, während sie gleichzeitig jemandem am anderen Ende der Leitung zuhört. Sie kann Dinge mit ihrem Mundwinkel anstellen, zu denen wahrscheinlich nicht viele Menschen imstande sind. Vielleicht benötigen PR-Agenten diese Fertigkeit, fast wie ein Bauchredner. Marjorie hat fraglos eine Begabung.

Da ist Soundso, sagt sie, als ein mit einem Haifischhaut-Smoking bekleideter Produzent, dessen Namen ich nie gehört habe, in den Saal schwebt. Aus dem Mundwinkel identifiziert sie auch einen Schauspieler, einen Komponisten und einen Regisseur – keiner ist ein großes Tier. Vielleicht ist es zu früh für die großen Tiere, meint sie, die tauchen am liebsten zur Prime time am Wasserloch in der Polo Lounge auf, also erst etwas später. Marjorie fragt, ob ich irgendeinen Wunsch habe, ob sie etwas für mich arrangieren kann. Ich lasse meine Phantasie schweifen. Raquel Welch und Ursula Andress würden auf meiner Liste von Geschöpfen stehen, denen ich am Wasserloch begegnen möchte. Zum Glück spreche ich es nicht aus, denn Marjorie hat etwas anderes im Sinn. Kleidung zum Beispiel, sagt sie aus dem Mundwinkel, brauchen Sie irgendwas zum Anziehen? Etwas, na ja, Geeigneteres für das Klima unten in Mexiko?

Maurice fährt mit dem Cadillac vor, und wir steuern auf Robinson's zu. Im sechsspurigen Abendverkehr voller Stretchlimousinen durch Hollywood zu kreuzen ist so, als würde man einträchtig in einem Schwarm gigantischer Flossentiere mitschwimmen. Sie sehen gesellig aus, spielen Autoskooter und stupsen einander brüderlich an. Amerika ist attraktiver, amüsanter, insgesamt erfreulicher, als ich gedacht hatte. Zum ersten Mal in meinem Leben genieße ich das Gefühl wohlwollender Überlegenheit, das sich einstellt, sobald man durch getöntes Glas auf die Welt hinausschaut.

Um sieben Uhr an einem Sonntagabend wären überall in Europa die Geschäfte geschlossen. Unterstützt von Maurice, der pfeift und den Kopf schüttelt, vielleicht weil er Franzose ist und sich noch nicht an die Bräuche in LA gewöhnt hat, äußere ich Überraschung darüber, daß Robinson's an einem Sonntag geöffnet hat.

Abgesehen davon, daß Maurice Franzose ist, hat er eine Vorgeschichte als Fahrer der Burton-Taylor-Entourage. Er mußte vom FBI überprüft werden, sagt Marjorie, und hebt die Stimme, um sich aus der Tiefe der Limousine vernehmlich zu machen, das war vielleicht ein Verfahren, stimmt's, Maurice. Wie sie das Wort ›Verfahren‹ sagt, hört es sich an wie etwas Unangenehmes, das einem Pferd angetan wird. An mich gewandt, erklärt sie: Wegen des Risikos, daß die Kinder entführt werden, wissen Sie.

Maurice pfeift wieder und schüttelt mißmutig die Finger, als wolle er unterstreichen, daß das Überprüfungsverfahren des FBI wirklich kein Witz war oder – es ist nicht klar, welches von beiden – das Entführungsrisiko sehr hoch ist.

Ich begreife, daß der fliegende Teppich Nachteile hat, die in meiner Tätigkeitsbeschreibung nicht erwähnt wurden. Wo immer die Kinder sind, werde auch ich sein, denn eigentlich bin ich für sie verantwortlich, selbst wenn wir uns in den Händen von Kidnappern befinden. Ich frage Marjorie, wann der letzte Versuch gemacht wurde, eines der Kinder zu entführen. Vorige Woche, sagt sie.

Normalerweise wäre niemand daran interessiert, mich zu kidnappen. Was für ein Lösegeld könnte man schon erwarten? Den Gegenwert von hundert Orangensäften in der Polo Lounge. Es würde sich nicht lohnen. Doch wegen der Gesellschaft, in der ich mich nun aufhalten werde, bin ich zu einem potentiellen Ziel für Entführer geworden. Mich wollen sie vielleicht gar nicht haben, aber mich werden sie kriegen, weil die Kinder immer in meiner Obhut sein werden.

Über den Bürgersteig schlendernde Fußgänger müssen für den Fall taxiert werden, daß sie vortäuschen, etwas zu sein, was sie nicht sind. Der Mann zum Beispiel, der in das Schaufenster blickt – vielleicht tut er nur so. Der Fußgänger, der sich vorschriftswidrig durch den stehenden Verkehr windet, könnte in Wahrheit ein Killer sein, der sich seinem Zielfahrzeug nähert.

Ich vermute, daß man Maurice eine besondere Wachsamkeit beigebracht hat, als er vom FBI überprüft wurde. Wahrscheinlich ist sie ihm zur Gewohnheit geworden. Als der Cadillac unter der Markise von Robinson's bremst, höre ich ein Klicken in der Tür an meinem Ellbogen, und mir wird klar, daß der Wagen eine Zentralverriegelung hat, die es für europäische Wagen noch nicht gibt. Unterwegs hat Maurice seine Passagiere wohlweislich ein- und ihre möglichen Angreifer ausgeschlossen. Ein Türsteher mit den Streifen von Robinson's an seiner Uniform öffnet bereits den Schlag, damit wir rasch aussteigen können, und Donna, die Empfangschefin für die VIP-Kunden des Geschäfts, wartet auf dem roten Teppich, um mich zu begrüßen.

Freundlich, doch entschieden, was ihren Etat für mich betrifft, macht Donna mich zu ihrem Gefangenen, sobald ich ihr Hoheitsgebiet betrete. Sie wird mich erst laufenlassen, nachdem sie ein paar hundert Dollar für mich ausgegeben hat, den Gegenwert von sechs Nächten im Beverly Hills Hotel beziehungsweise dreihundert Orangensäften in der Polo Lounge. Ich leiste keinen nennenswerten Widerstand. Donna ist eine Frau, die keinen Ungehorsam duldet.

Ich marschiere durch Robinson's wie die goldene Gans, Donna an meiner Seite und ein sich verlängerndes Gefolge von Verkäufern im Schlepptau. Sie tragen ausgestellte Hosen in verschiedenen Pastellfarben hinter uns her, mit Knöpfen, die nach Gaucho-Art an der Seite vom Knöchel bis zum Knie angenäht sind, Batik-Baumwollhemden, Seidenhemden mit herabhängendem Lord-Fauntleroy-Kragen, schwarze und weiße Spitzenhemden, durch die man hindurchsehen kann, weiße T-Shirts mit dazu passenden Hosen, Shorts, Badehosen, kurz, kürzer und, wie Donna in einem schlüpfrigen Halbsatz anmerkt, am kürzesten in Form eines G-Strings für die Bräunung *dort, worauf es ankommt,* feste Schuhe, Turnschuhe, Sandalen, einen Schnorchel, einen Hut und einen Koffer, in dem ich all meine Einkäufe verstauen kann.

Die goldene Gans ist diejenige, die alle erwischen wollen, Kidnapper eingeschlossen. Ich stelle mir die wachsende Schlange hinter mir vor, eine Nahrungskette, die sich um den Block herum bis ins Unsichtbare erstreckt.

Leider habe ich ziemlich viel Geld ausgegeben oder, besser gesagt, Donna, teile ich Marjorie mit, als wir wieder in die Limousine rutschen, und fühle mich schuldig. Marjorie hat auf die Einkaufsrunde mit Donna und mir verzichtet, weil sie auf einem Stuhl sitzen und ihren Rücken schonen wollte. Hat es Ihnen keinen Spaß gemacht, fragt sie. Marjories Stimme klingt ein wenig besorgt und erinnert mich an die meiner Mutter, wenn sie mich fragte, ob es mir in der Schule gefallen habe. Eilig versichere ich ihr, daß es mir Spaß gemacht habe, sogar sehr viel Spaß. Marjorie wirkt erleichtert. Sanft drückt sie meinen Arm. Vermutlich brauchen Sie auch etwas Bares zur Überbrückung, Honey, sagt sie und drückt mir fünf 20-Dollar-Scheine in die Hand.

Eine weitere Richtlinie meines Vaters besagte, meine Integrität sei das Kostbarste, was ich habe. Als er mir meine ersten Sixpence Taschengeld gab, sagte er: Du sollst immer sagen können, daß du dein ganzes Leben für dich selbst aufgekommen bist. Wie tauglich ist der Ratschlag meines Vaters in der Polo Lounge? Und wird meine Integrität dadurch bedroht, daß ich hundert Dollar von einer Frau angenommen habe, der ich erst vor ein paar Stunden begegnet bin und die mich bereits Honey nennt?

Marjorie verkündet, sie möchte mich zum Dinner in ein Restaurant am Sunset Strip einladen. Auf der Fahrt durch das Geschäftsviertel von Los Angeles frage ich sie nach dem Cartier-Diamanten, den Richard Burton seiner Frau vor kurzem gekauft hat. Stimmt es, daß er eine Straßimitation hat anfertigen lassen, die Elizabeth trägt, während der echte Diamant in einem Safe verwahrt wird? Stimmt nicht, sagt Marjorie. Egal, er hat eine halbe Million gekostet, vielleicht mehr. Eine Million. Es spielt keine Rolle. Worauf ich hinauswill: Verglichen mit dem Preis des Cartier-Diamanten sind ein Jahr im Beverly Hills Hotel mit so viel Orangensaft, wie man trinken kann, hundert Dollar Taschengeld und ein Großeinkauf bei Robinson's, ohne daß ich prahlerisch klingen will, ein Pappenstiel. Was meine Integrität wert ist, muß angesichts dieser astronomischen Zahlen vielleicht neu überdacht werden. Diesem Argument gegenüber wäre mein Vater doch bestimmt aufgeschlossen.

Marjorie zeigt durch das getönte Glas auf eine Gruppe Langhaariger, die über und über mit Glasperlen behängt sind. Anscheinend beanspruchen die Hippies dieses Territorium. Die Hippiebewegung ist hier gerade sehr populär. Wenn Sie das nächste Mal in der Stadt sind, sollten Sie die Leute näher kennenlernen, sagt Marjorie. Sie können bei mir wohnen. Hätten Sie Lust? Gut, sie rauchen Pot und lassen sich die Haare wachsen, aber es sind schöne, friedliebende Menschen, warum also nicht? Politik? Sicher, es gibt keine Plakate von Fidel und Che im Los Angeles Police Department, aber in Wirklichkeit sind die Cops nur neidisch. Die sexuelle Revolution, freie Liebe, rumlungern und Pot rauchen – so was haben die nicht gemacht, als sie jung waren. Marjorie hat eine wehmütige Miene aufgesetzt, und ich frage mich, ob es sie ist, die so was nicht gemacht hat, als sie jung war.

Ich steige aus der getönten Glashülle des Cadillacs und bin ganz benommen vom Gleißen der Lichter, vom warmen Säuseln der Luft an meinem Gesicht und den Soundeffekten der Motorräder, in der Limousine kaum vernehmbar, die donnernd über den Sunset Strip jagen. Wir gehen ein paar Schritte zum Restaurant. Die Reservierung für Dee, sagt Marjorie aus dem Mundwinkel. Sie nimmt meinen Arm und gestattet mir, die Initiative zu ergreifen und sie hineinzuführen. Obwohl es eine Farce ist, weiß ich Marjories Takt zu schätzen: Sie gibt mir eine Aufgabe, und ich darf etwas tun, statt immer nur ihre Gastfreundschaft hinzunehmen.

Zu meiner Überraschung – und vielleicht zu seiner eigenen – setzt sich Maurice zu uns an den Tisch, nachdem er das Auto abgestellt hat. In England und Frankreich ist es nicht üblich, daß sich Chauffeure mit ihren Arbeitgebern zum Essen setzen. Ich frage mich, ob dies ein weiteres Beispiel für Marjories Takt oder für den demokratischen Geist Amerikas ist oder ob die Dinge in der Entourage grundsätzlich so gehandhabt werden. Eine andere Möglichkeit wäre, daß Maurice hier ist, um einen Entführungsversuch zu verhindern. Ist es FBI-Praxis, scheinbar harmlose Gäste am Tisch zu plazieren, die in Wirklichkeit ausgebildete Killer sind? Wie viele der Signale, die ich bekommen habe, seit der fliegende Teppich vor sieben oder acht Stunden in dieser Stadt landete, habe ich falsch interpretiert?

In einem Film würde der Held an dieser Stelle vielleicht die Augen zusammenkneifen, um seinen Argwohn anzudeuten. Ich bin inzwischen so müde, daß ich die Augen nicht nur zusammenkneife, sondern sie völlig schließe. Ein Blackout von zehn Sekunden Länge, und ich merke, wie ich am Tisch schwanke. Als ich wieder zu mir komme, höre ich Marjorie sagen, daß ich, wenn ich mich für den Braten entscheide, mir so oft nehmen kann, wie ich will. Und zum zweiten Mal an diesem Abend höre ich die Stimme meiner Mutter, die Stimme einer

Frau, die dafür sorgt, daß ein heranwachsender Junge genug zu essen bekommt. Für wie alt hält sie mich eigentlich?

Um ihre Gefühle nicht zu verletzen, erkläre ich Marjorie, daß ich grundsätzlich nicht viel esse, jedenfalls nicht zu dieser späten Stunde, die in der 10 000 Meilen zurückliegenden Heimat schon zum nächsten Tag wird. Ich bin überreizt. Meine Nerven liegen blank.

Ich zünde eine Zigarette an und bestelle einen Highball. Zwar habe ich keine Ahnung, was ein Highball ist, aber ich finde, daß es ziemlich cool klingt. Der Kellner fragt mich, was für einen Highball ich möchte. Ich versuche, Zeit zu gewinnen. Ich bitte um die Spezialität des Hauses. Mittlerweile grinst der Kellner. Er hat es darauf abgesehen, mich bloßzustellen. Er will mich lächerlich machen. Entschuldigen Sie, Sir, aber sind Sie schon 21? Marjorie kommt mir zu Hilfe. Bringen Sie dem Gentleman einfach einen Martini medium, in Ordnung, Frank? Frank wendet sich an Maurice, um dessen Bestellung entgegenzunehmen. Maurice verzichtet auf den Braten und geht sofort zu schwarzem Kaffee und einer Gauloise über. Obwohl es kein großer Tisch ist, gelingt es Maurice, am entlegenen Ende zu sitzen und sich klein zu machen. Er weiß die Ehre zu schätzen, daß man ihn als Chauffeur zum Dinner eingeladen hat, aber nach der Überprüfung durch das FBI weiß er viel zu gut Bescheid, um die Einladung wörtlich zu nehmen. Dies sind, wenn ich sie nicht falsch deute, die Signale, die von Maurice ausgehen, als Marjorie sich an mich wendet und in vertraulichem Tonfall sagt, daß wir uns über Mexiko unterhalten müssen.

Ich brauche eine Weile, um zu begreifen, daß Marjorie Mexiko als Codewort für Richard-Burton-Elizabeth-Taylor benutzt. Man kann nie wissen, wer am Nachbartisch mithört. Die Geschichte Mexikos muß zumindest skizziert werden, damit ich mich auskenne, wenn ich dort ankomme. Mexiko tauchte erstmals vor acht Jahren auf; damals fand es sich als Team am Set von *Kleopatra* zusammen und wurde, mit Marjories Worten, ein in der Filmbranche beispielloses PR-Phänomen. Auf ihrem Höhepunkt verdrängte die internationale Liebesaffäre von Mexiko alles andere, sogar Königshäuser. Mexiko *ist* ein Königshaus. Ich fühle mich bei diesen Worten etwas unbehaglich. Aber Marjorie Dee ist PR-Agentin in Hollywood, und Übertreibungen sind ihre Aufgabe. Solche Dinge bringen sie nicht in Verlegenheit.

Der Martini medium trifft zusammen mit einem Tortilla-Dip ein. Ich weiß nicht, was ein Martini medium enthält, aber er schmeckt ziemlich gut. Frank nimmt unsere übrigen Bestellungen entgegen. Marjorie möchte einen Salat. Ich habe keine große Wahl. Meiner Gastgeberin zuliebe entscheide ich mich für den Braten. Ich informiere Marjorie, und sie gibt die Bestellung an den Kellner weiter, da Frank und ich nicht miteinander reden. Ich stippe eine Tortilla in die Tunke und frage: Diese Sache mit dem Königshaus, was genau meinen Sie damit, Marjorie?

Damit meine ich, daß Majestäten hofhalten, und jedes Hofleben hat seine Etikette, das heißt seine kleinen Rituale und Besonderheiten. Sie müssen vorsichtig sein, wenn Sie Mexiko besuchen, David, denn es ist ein komischer Verein da unten.

Marjorie meint etwas ganz anderes, aber egal, es ist interessant. Ich spüre, daß wir zur Sache kommen. Der Kellner bringt den Salat und läßt mich wissen, ich könne mir jederzeit eine Portion Braten vom Büfett holen. Sie wendet den Salat mehrere Male mit ihrer Gabel, als suche sie etwas, und mustert ihn aufmerksam, bevor sie einen Bissen zu sich nimmt. Ich meine, Sie sind doch nicht homosexuell oder etwas in der Richtung, fragt Marjorie Dee.

Sie legt die Gabel weg und wischt sich den Mund mit ihrer Serviette ab. Habe ich was Falsches gesagt? In der Richtung nicht, versichere ich ihr. Nicht, daß ich etwas gegen Homosexuelle hätte, fährt Marjorie fort. Ich habe viele Freunde, die homosexuell sind, Männer *und* Frauen. Ich möchte nicht, daß Sie einen falschen Eindruck bekommen. Aber ich mache mir ein bißchen Sorgen um Richard da unten in Mexiko. Dort fehlt ihm eine richtige Männerfreundschaft, wenn Sie wissen, was ich meine. Und das ist etwas, worauf Sie, wie ich glaube, einen positiven Einfluß haben könnten. Verstehen Sie mich? Das ist im Grunde alles, was ich sagen wollte. Möchten Sie jetzt nicht zum Büfett hinübergehen und sich ein Stück Braten holen?

Die merkwürdige Unterhaltung ist einseitig beendet worden, bevor sie überhaupt in Gang kam. Vielleicht ist Marjorie etwas weitergegangen als beabsichtigt, hat kalte Füße bekommen und ist eilig zurückgewichen. Taktvoll gehe ich zum Büfett, um mir eine Portion Braten zu holen.

In der kurzen Zeit, die ich gebraucht habe, mein Stück Braten auf einen Teller zu legen, hat sich zwischen Marjorie und Maurice ein Gespräch über Pekinesen entwickelt. Ein Blick auf Maurice genügt, um sich vorzustellen, wie ihn das FBI in die Mangel genommen hat, aber Hundepflege dürfte nicht zu dem Lehrgang gehört haben. Wenn man Maurice anschaut, würde man vermuten, daß er ein ehemaliger Angehöriger der Fremdenlegion ist, zäh wie Leder. Eher würde man glauben, daß er Hunde verspeist, als daß er sie lieb hat. Doch das ist völlig falsch. Marjorie zieht einen Wurf Welpen auf, den Richard Burtons Pekinesenhündin mit dem Shakespeareschen Namen *E'en So* geboren hat, und einer davon ist Maurice versprochen worden. Vor sechs Wochen wurde die Mutter in eine Klinik in Los Angeles eingeliefert und durch Kaiserschnitt von sechs Hündchen entbunden, fügt Marjorie zu meiner Information hinzu, Marktwert jeweils tausend Dollar. Die Mutter ist hinunter nach Puerto Vallarta geflogen worden, um sich zu erholen, und hat ihre Welpen zurückgelassen, die von Marjorie Dee entwöhnt werden.

Maurice lächelt ein wenig verlegen und zündet sich eine weitere Gauloise an. Er gibt zu, daß er es kaum abwarten kann. Marjorie sagt, es sei niedlich, wie aufgeregt Maurice seinem Welpen entgegenfiebere. Ich würde ihn gern fragen, ob er den Welpen geschenkt bekommt oder wenigstens einen Rabatt erhält oder ob er die vollen tausend Dollar bezahlen muß. Aber ich laß es sein, da es vielleicht taktlos wäre.

Als wir Marjorie auf der Rückfahrt zum Beverly Hills Hotel an ihrem Haus absetzen, gehen wir alle hinein, um uns die Welpen anzuschauen. Sie liegen, auf Stroh gebettet, unter einer blauen Lampe als Ersatz für die mütterliche Wärme. Obwohl ich im allgemeinen nicht immun gegen den Niedlichkeitsfaktor kleiner Tiere bin, gilt das nicht für diese wimmernden Pekinesen mit ihren plattnasigen Gesichtern und haarlosen kleinen Körpern, die im Stroh unter der blauen Lampe zucken. Marjorie gibt Maurice ein Fläschchen, um sie zu füttern, und steuert mich zu einem letzten Drink ins Wohnzimmer. Sehr wichtig, die Hunde, sagt sie. Wenn Sie die Sympathie von Mexiko erwerben wollen, sorgen Sie dafür, daß Sie die

Hunde für sich gewinnen. Richard liebt sie, und Sie müssen sie auch lieben. Marjorie spricht undeutlich, oder vielleicht höre ich sie nur undeutlich, während ich immer wieder kurzzeitig einnicke. Hin und wieder tauche ich aus dem Dickicht auf und weiß genau, wo ich bin. Marjorie Dee sagt, sie habe einen Autounfall gehabt und sich das Rückgrat gebrochen. Sie liebt Richard Burton. Vielleicht war er bei dem Unfall mit im Auto. Ich kann sie am Straßenrand liegen sehen, neben einem umgestürzten Wagen, dessen Räder sich noch drehen. Vielleicht ist es nur meine auf Autopilot gestellte Phantasie, die die Eingangsszene aus dem Film *Zwischenfall in Oxford* verarbeitet. Marjorie Dee hat sich mit ihrer Liebe zu Richard Burton das Rückgrat gebrochen, und das ist die Geschichte ihres Lebens. Um das herauszufinden, mußte ich sie kennenlernen. Ich erinnere mich nicht, wie ich aus ihrem Haus in den Cadillac gelangte. Ich weiß nur, daß es draußen schon hell war. Auch daran, wie ich im Hotel eintraf, erinnere ich mich nicht. Ich muß ohnmächtig geworden sein.

2

Am Neujahrstag 1970 erhielt ich einen Anruf von Nevill Coghill, einem ehemaligen Englischprofessor in Oxford, der seit meinem sechzehnten Lebensjahr ein Freund und eine Art literarischer Mentor war. Die Liste seiner Protegés war lang. Nevill stellte mich einigen von ihnen vor, zum Beispiel W. H. Auden, der in den 1920ern einer seiner ersten Studenten gewesen war. Ein Vierteljahrhundert bevor ich die Universität Oxford besuchte, war Richard Burton, der während des Krieges als Kadett der Royal Air Force dorthin kam, ein weiterer von Nevills Protegés gewesen. Nevill gab Richard die erste Rolle in einer Universitätsaufführung, die er damals inszenierte. Er blieb ein enger Freund, Bewunderer und Ratgeber Richards, lange nachdem dieser die englische Bühne aufgegeben hatte, um laut seiner eigenen unenthusiastischen Beschreibung das zu werden, »was in Ermangelung eines besseren Wortes als Star bekannt ist«. Als Elizabeth Taylor – oder, was wahrscheinlicher ist, ihr Mann Richard Burton – Zweifel daran entwickelte, daß ihr Sohn Christopher auf Hawaii eine angemessene Ausbildung erhielt, wurde der alte Freund in Oxford befragt. Könne er jemanden als Privatlehrer für den Jungen empfehlen?

Ich wurde damals als Bühnenarbeiter in den Münchener Kammerspielen angelernt. Danach sollte ich etwas über Bühnenbeleuchtung erfahren und vielleicht allmählich zum Regisseur aufsteigen. Als Nevill sich erkundigte, ob ich an dem Privatlehrerposten interessiert sei, hatte er meine Bühnenkarriere im Sinn. Ein Jahr bei Richard Burton würde mir all die Kontakte verschaffen, die ich benötigte. Doch ich war noch unentschlossen, was die Arbeit am Theater anging. Eine Anstellung bei Richard Burton und Elizabeth Taylor würde eine Theater- oder Filmkarriere zwar fördern, aber das war nicht der Grund dafür, daß ich schließlich das Angebot annahm. Vielmehr sagte ich aus Neugier zu; ich wollte herausfinden, wie es war, das Leben des berühmtesten Ehepaares der Welt zu teilen.

Ein paar Wochen nach dem Anruf flog ich nach Hollywood. Wegen der ausgezeichneten Surfverhältnisse vor Hawaii harrte ich ein paar Tage lang im gerade erträglichen Komfort des Beverly Hills Hotels aus und wartete darauf, daß meine Schüler mit dem Surfen aufhörten, damit wir gemeinsam nach Puerto Vallarta fliegen konnten. Dort würden wir bei Richard und Elizabeth in ihrem Haus Casa Kimberley wohnen. Schließlich lernte ich die Jungen in einem Hollywooder Restaurant bei einem Mittagessen kennen, das ihre Großmutter organisiert hatte.

Elizabeth Taylors Mutter war eine kleine alte Dame mit blaugefärbtem Haar und einem charmanten Lächeln, so robust im Innern wie scheinbar zerbrechlich an der Oberfläche. Ich entdeckte kaum äußerliche Ähnlichkeiten zwischen Mutter und Tochter, aber viele Gemeinsamkeiten zwischen Elizabeth und Christopher, ihrem Sohn mit dem zweiten ihrer fünf Ehemänner, Michael Wilding.

Wir begegneten uns auf einem Korridor. Der Widerwillen, den ich bei Christopher und seinem Cousin Chris Taylor bemerkte, als sie herankamen, um ihren Privatlehrer kennenzulernen, hatte vielleicht nicht nur mit ihrer Furcht vor dem Schulunterricht zu tun, wofür ich die tiefste Sympathie empfand, sondern auch mit dem unglücklichen Tunneleffekt des Ortes. Ich habe Korridore nie gemocht, sie lassen keine Umkehr zu, kein Entkommen. Mir zumindest kam es so vor, als würde die Enge des Korridors unserem ersten Treffen einen Zwang auferlegen. Beide Jungen gingen barfuß und trugen ihr Batman-Kostüm, einen schwarzen Umhang mit zerfledderten Flügeln, der über ein Batik-T-Shirt und zerrissene Jeans drapiert war. Hätten sie durch den Aufenthalt in Hawaii nicht so gesund und braungebrannt ausgesehen, hätte man sie für Bettlerkinder halten mögen. Wären sie der Geschäftsführung nicht bekannt gewesen, hätte man sie hinausgeworfen.

Wir beschnupperten einander beim Lunch. Es kam zu einem sofortigen Einverständnis über Emerson, Lake & Palmer, Black Sabbath und Jethro Tull, über unser Interesse an Mystikern und über die Notwendigkeit, mehr Spiritualität in den Lehrplan aufzunehmen. Aber mein Unwissen über Hippies und vor allem mein Unvermögen, wie einer auszusehen, verzögerten den Verbrüderungsprozeß, nach dem sich die beiden Fünfzehnjährigen insgeheim sehnten. Howard Taylor, der Expirat, hatte die Gründung einer Hippiekolonie an seinem Strandstreifen auf Kauai trotz des Widerstandes all seiner Nachbarn zugelassen. Während ich den Schwärmereien der Jungen über die Kolonie zuhörte, begann ich zu argwöhnen, daß ich in Wirklichkeit angestellt worden war, um Chris Wilding dem Einfluß der dämonischen Droge des Hippielebens zu entziehen. Meine Rolle war die des Mr. Antihippie, des Mr. Spießer aus Oxford. Naturgemäß betrachteten die Jungen mich mit tiefem Mißtrauen.

Auf dem Flug hinunter nach Puerto Vallarta saß ich zwischen den beiden und erfuhr das Wesentliche über das Leben der Familie Taylor auf Kauai, die Hippiekolonie, die Surfkolonie und die lebenslange Suche nach der ultimativen Welle. Randy Miller hat meinem Brett den letzten Schliff gegeben, erzählte mir Chris Taylor voller Stolz, als wäre die ganze Welt nur eine Erweiterung von Kauai Beach und das Können von Randy Miller weltweit bekannt. Mit glänzenden Augen sprach er davon, wie er auf einem Boot aufgewachsen war und er mit seinem Vater und seiner Mutter durch die Südsee segelte, bevor sich die Familie auf Hawaii niederließ. Er schilderte die provisorische Konstruktion mit dem spitzen Dach, in der sie wohnten, während Howard das Haus an der Lagune baute, den alten Haifisch, der auf der anderen Seite der Lagune direkt vor dem Riff lebte, die Pfade entlang der Klippen, mit Blick auf Strände, an die manchmal sieben Meter hohe Wellen donnerten und wo Riesenschildkröten bei ruhiger See an Land kamen, um ihre Eier zu legen.

Chris war so aufgewachsen, wie ich es mir selbst gewünscht hätte. Mit einer Halbschwester aus Samoa, mit seinem langen Haar und seiner dunklen Haut, seinen Perlen und Amuletten war er fast ein Wilder, eine Art Mogli der Südsee. Was konnte ich diesem Jungen beibringen, das auch nur den geringsten Nutzen für ihn haben würde? Bestimmt wurde Mogli dadurch, daß man ihn in einem Schulzimmer einsperrte, ein schlechter Dienst erwiesen.

Wir trafen kurz nach Sonnenuntergang in Puerto Vallarta ein und traten aus dem Flugzeug hinaus in eine Wand aus feuchter Hitze. Der fliegende Teppich war wieder einmal für uns ausgebreitet worden, diesmal durch die mexikanischen Behörden, die auf die Einreiseformalitäten verzichteten, so daß Raymond und Jim auf die Landebahn fahren und uns direkt am Flugzeug abholen konnten. Die Jungen rollten fröhlich mit Raymond in dem weißen Dünenbuggy davon, während das Gepäck und ich in Jims malvenfarbenen Jeep geladen wurden. Wir brausten von der Landebahn hinaus auf eine von Schlaglöchern übersäte Straße und wirbelten eine Staubwolke auf, die wie ein weißer Schleier in der Nacht hinter uns hing.

Am Rand von Puerto Vallarta kamen wir an einem Kino vorbei, in dem *Kleopatra* lief. Plakate am Eingang zeigten stilisierte Porträts von Elizabeth Taylor mit ausgesprochen hispanischen Zügen und Richard Burton als einen Römer mit Zapata-Schnurrbart, wodurch er sich kaum von den Mexikanern in dem Café auf der anderen Straßenseite unterschied. Der Film laufe seit Jahren, sagte Richards Privatsekretär in dem gelangweilten Ton, den er pflegte. Es sei Teil des Kreuzzugs von Puerto Vallarta, die beiden Stars zu vereinnahmen, sie zu heimischen Helden und den Ort zu einem Touristenziel zu machen. Auf Karibikkreuzfahrten werde Vallarta nun einfach deshalb in die Reiseroute einbezogen, weil RB/ET hier ein Haus hätten. In den paar Jahren, in denen die Schiffe nun regelmäßig nach Vallarta kämen, habe sich die Bevölkerung des Ortes versiebenfacht.

Eine Pflasterstraße im Zentrum des Städtchens löste die Sandwege ab, über die wir bisher gefahren waren – ein Hinweis darauf, daß wir uns einem Wohnsitz von Bedeutung näherten. Der Jeep schob sich durch eine gewundene Allee, und an der Ecke stand dann das Haus: die Casa Kimberley.

Die Jungen waren bereits aus dem Dünenbuggy gesprungen, tollten mit den Hunden herum, die aus dem Haus gerannt waren, um sie zu begrüßen, schüttelten der Köchin Maria die Hand und tauschten High Fives mit dem Hausdiener Cajo aus. He, Cajo! Alles klar, Mann! Einheimische gingen die Straße hinauf, blieben stehen und schauten zu. Dann blickte ich zum Haus empor und sah Richard Burton am Balkongeländer stehen. Schweigend starrte er hinunter auf die turbulente, ausgelassene Szene. Er hob keinen Arm zur Begrüßung, er hieß niemanden willkommen. Es gab keinen Hinweis darauf, daß diese brütende Gestalt das geringste Interesse an unserer Ankunft hatte.

Eilig – vielleicht auf Jims Drängen, denn er wollte das Tor nicht zu lange offenstehen lassen – verlagerte sich das Schauspiel aus freudestrahlenden Jungen, bellenden Hunden und lächelndem Personal ins Haus. Das schwere, schmiedeeiserne Tor, das den Zugang von der Straße versperrte, fiel wieder ins Schloß, Hunde, Menschen und Gepäck bewegten sich durch eine Fülle breitblättriger Pflanzen, die die Treppe umrankten, eine Etage nach oben. Ich folgte Christopher und Chris eine weitere Treppe hinauf in ein großes, helles Zimmer mit weißgekacheltem Fußboden, und dort, am oberen Ende dieser zweiten Treppe, wartete Elizabeth, um uns zu begrüßen.

Als erstes nahm ich das außerordentliche Blau ihrer Augen wahr, die Intensität und die Kontraste der Farbtöne ihres Gesichts überhaupt, das Kupferrot ihrer gebräunten Haut, das die Röte ihres Hängekleidchens widerspiegelte, das Rabenschwarz ihrer Haare, von dem sich graue Strähnen abhoben. Aber es waren die Augen, an denen mein Blick hängenblieb. Unter den dunklen Brauen waren ihre Augen von einem durchdringenden Violett, das mich fesselte. Sie war kleiner und stämmiger, als ich erwartet hatte. Ihr Körper war wohlgeformt und sinnlich, sehr weiblich. Ihre Erscheinung hatte etwas Zwangloses. Elizabeth lächelte, als sie uns entgegenkam. Sie machte auf mich einen völlig natürlichen Eindruck. Dieser Eindruck sollte sich nie ändern.

Wie wäre es mit einem Drink, waren Richards erste Worte, als ich oben ankam. Er schritt herüber vom Balkon, von wo aus er unsere Ankunft beobachtet hatte, schüttelte mir die Hand und begleitete mich zur Bar, während Elizabeth nach unten ging, um etwas für die Kinder zu organisieren.

Richards Statur war kompakt und kräftig. Er bewegte sich sehr aufrecht, ein bißchen steif, dachte ich, als hätte er sich einmal den Rücken verletzt. Er erkundigte sich nach Nevill Coghill, und wir plauderten über Mexiko, Hollywood, Wales, über alles mögliche – außer darüber, wofür ich gekommen war. Ich wartete darauf, daß er das Thema anschnitt, doch er tat es nicht. Er war höflich, ging aber nicht aus sich heraus. Wir saßen bei einem Drink an der Bar, und ich schaute in ein verschlossenes, unbewegliches, von Pockennarben gezeichnetes Gesicht. Es verriet nichts. Er hatte eine feierliche, etwas geschwollene Art und sprach wie ein Mann, der es gewohnt ist, daß man ihm zuhört.

Das Erstaunlichste an ihm war seine Stimme. Es war eine körperlose Stimme, wie die eines Bauchredners – eine Stimme, die irgendwo außerhalb von ihm zu entspringen schien. Obwohl er kaum einen Meter entfernt war, hatte Richard Burtons Stimme eine Tiefe und Resonanz, als käme sie vom Grund eines Brunnens. Sie beherrschte die Tafel an jenem Abend, geschliffen wie verwitterter Granit, gelegentlich mit den scharfen Kanten eines Feuersteins, eine Stimme, die Stahl schmelzen und mitten in der Rede wieder erstarren lassen konnte, die mal rührend, mal beunruhigend und manchmal traurig wirken konnte. Ich hatte sie gehört, als Hamlet den Geist seines Vaters anflehte, als Faustus verzweifelte, als Becket betete, als Jimmy Porter mit dem Schicksal haderte, und sie konnte großartig oder kitschig klingen. Doch nun, da die Stimme eigene Worte finden mußte, enttäuschte sie mich. Als Organ für die Übermittlung von Familienklatsch hörte sich eine derart monumentale Stimme sehr schnell etwas lächerlich an.

Vielleicht verscheuchte das Dröhnen von Richards Stimme die Jungen, sobald das Essen beendet war. Vielleicht waren sie auch nur gelangweilt oder müde. Vielleicht hätte man ihnen die Gelegenheit geben sollen, bei diesem ersten Familientreffen nach acht oder neun Monaten Trennung ein paar ihrer eigenen Geschichten zu erzählen. Nun aber hatten sich die Aufregung der Reise und die Erwartungen, die wir alle gegenüber unserem Abenteuer in Mexiko gehegt hatten, innerhalb von Stunden nach unserer Ankunft in der Casa Kimberley in nichts aufgelöst.

Ich bewohnte ein Zimmer mit einer grobgemeißelten Steinwand zwischen meinem Bett und dem Hang, auf dem sich eine Barackensiedlung ausbreitete. Ich konnte im Bett liegen und zwischen den Dachträgern die Unterseite der Ziegel anschauen und in den Spalten Flecken des Himmels sehen. Hellgrüne Leguane von dreißig Zentimetern Länge sonnten sich auf dem Dach, das den Hof umschloß; die Jungen und ich hatten unsere Zimmer auf der einen Seite und Raymond, Elizabeths persönlicher Assistent und Majordomus in Casa Kimberley, eine Suite auf der anderen. Dieser Innenhof, in dem eine Hängematte zwischen dem Dach und einem Baum gespannt war, war sehr schlicht. Vielleicht war es der älteste Teil, der Kern, um den herum alles andere gewachsen war. Ich fühlte mich hier wohl. Vom Hof aus konnte ich Hunde bellen und Hähne krähen hören, die Stimmen der in den Baracken am Hang wohnenden Familien und Transistorradios, aus denen endlos Musik plärrte. Spärlich bewachsene Berge erhoben sich steil hinter der Küste und erstreckten sich landeinwärts. Häufig sah ich am Himmel Bussarde, die sich auf den Warmluftströmungen, die vom Pazifik herüberwehten, auf der Suche nach Beute den Hang hinuntertreiben ließen. Hier gab es keinen Zweifel daran, daß man in Mexiko war.

Vom Hof führten Stufen hinunter in den Hauptwohnbereich, wo ich meine Arbeitgeber am Abend meiner Ankunft getroffen hatte. Von dort gelangten sie über eine Treppe hinauf in ihr Schlafzimmer. Richards und Elizabeths Schlafzimmer war klein und als einziger Raum des Hauses klimatisiert, doch sonst genauso bescheiden eingerichtet wie die übrigen. Das Zimmer ging hinaus auf eine Sonnenterrasse mit einem Palmendach. Dorthin zogen sich die beiden zurück und gaben sich privat, wie es ihnen an kaum einem anderen Ort der Welt möglich war. Manchmal vergingen Tage, an denen wir sie fast gar nicht zu Gesicht bekamen.

Wenn sie aus ihrem Horst auf dem Dach heruntersteigen, dann gewöhnlich, um sich im Hauptwohnbereich mit Getränken und Zigaretten zu versorgen. Eine begehbare Bar, umschlossen von einem gekachelten Tresen, nahm ein

Ende des Raumes ein. Ein etwa dreißig Zentimeter hoher und genauso breiter Stapel von Zigarettenpäckchen auf dem Tresen wurde immer wieder aufgestockt. Richard goß sich hier seine Bloody Marys, Elizabeth ihre Jack Daniels, die Kinder und ich unsere Cokes und Biere und Jim Benton am Vormittag seinen Kaffee ein. Richards Sekretär Jim saß morgens meistens an der Bar, wartete häufig ein oder zwei Stunden auf Richard – nicht selten vergeblich – in der Hoffnung, Geschäfte mit ihm zu besprechen. War Richard nicht unten, dann wollte er mit niemandem reden, und man ließ ihn in Ruhe.

Wenn die beiden Jungen und ich in das große Zimmer zum Frühstück kamen, hatte Maria bereits Cornflakes und Schüsseln mit allerlei Obst auf den Tisch gestellt. In ihrem weißen Kittel stand sie in der Küche bereit, um *huevos con jamón* zuzubereiten oder andere Wünsche zu erfüllen. Ein Dutzend Menschen hätte an dem schmiedeeisernen Tisch mit der Glasplatte sitzen können, doch das war selten der Fall. Ein- oder zweimal pro Woche kamen wir alle hier zum Dinner zusammen, besonders wenn Besuch im Haus war. Der Privatlehrer und seine Schüler hielten sich jedoch an ihren eigenen Stundenplan und aßen in der Regel allein.

Jim kam eines Morgens vorbei und fragte mich, ob ich Lust hätte, mit ihm eine Fahrt an der Küste entlang zu machen. Wie nett von dir, Jim, sagte ich, jederzeit. Er holte mich mit dem malvenfarbenen Jeep ab, und wir fuhren an seiner Unterkunft vorbei, um dort ein paar Dokumente zu hinterlegen, die er von Richard hatte unterzeichnen lassen. Jim lebte zusammen mit George Davis, Elizabeths Privatsekretär, in einem hübschen Häuschen in den Hügeln außerhalb von Puerto Vallarta. Die beiden hatten eine besitzergreifende Haltung gegenüber ihren Arbeitgebern, was angesichts der Forderungen, die Richard und Elizabeth ihrerseits an ihr Personal stellten, nicht verwunderte. Es galt als selbstverständlich, daß Mitglieder der Entourage, dankbar für das Privileg, in ihrem Dienst zu stehen, sich dauernd bereithielten, sich um alles kümmerten und ihr Recht auf ein Privatleben zurückstellten.

Jedes neue Mitglied der Entourage wurde von den älteren nur zögerlich – mit all dem Argwohn, der von Eifersucht hervorgebracht werden kann – in den Kreis aufgenommen. Die Ankunft eines neuen Bediensteten am Hof konnte Auswirkungen auf die dort bereits eingeführten haben, und das führte zu Machtkämpfen. Hier bot sich die Gelegenheit, etwas von dem Groll loszuwerden, den alle Diener ihrem Herrn gegenüber empfinden, aber nicht direkt zum Ausdruck bringen können. Innerhalb von nur zwei Jahren hatte der emsige Schweizer Hotelier Raymond George Davis verdrängt und war Elizabeths Favorit geworden. Raymond hatte der übrigen Entourage ein Schnippchen geschlagen und als eine Art neuzeitlicher Kammerherr Zugang zum Haus erhalten. Elizabeth konnte ihn zu jeder Tages- oder Nachtzeit zu allem möglichen konsultieren, von der farblichen Gestaltung der Küche bis hin zur Auswahl eines Büstenhalters. George und Jim äußerten sich hinter Raymonds Rücken boshaft über ihn, genau wie Raymond, gefestigt in seiner Residentenrolle am Hof, offene Verachtung hegte für die beiden eifersüchtigen Tunten, die draußen in den Hügeln wohnten. Und nun war ich aus heiterem Himmel ins Haus gezogen, mit wer weiß was für Ambitionen, die die Hackordnung im Hühnerstall der Casa Kimberley erschüttern konnten. Ich mußte in meine Schranken verwiesen werden.

Während Jim unter dem Vorwand, mir die Landschaft zu zeigen, an der Küste entlangfuhr, weihte er mich in die Gebote und Verbote der ungeschriebenen Verfassung von Casa Kimberley ein. Er tat es mit Charme, aber seine Absicht war eindeutig. Unter keinen Umständen durfte ich jemanden ins Haus einladen oder mich dort anrufen lassen. Während Richard oder Elizabeth jederzeit an mich herantreten konnten, durfte ich mir nicht anmaßen, an sie heranzutreten. Wenn meine Arbeitgeber nicht ausdrücklich wünschten, mit mir zu sprechen, war es am besten, mich weder blicken noch hören zu lassen.

Obwohl ein Privatlehrer eine etwas andere Position hatte als ein Hausdiener oder ein Koch, war ich gleichwohl ein bezahlter Angehöriger des Personals in der Casa Kimberley, kein geladener Besucher. Wie man sich in dieser Position benahm, war eine Frage des Taktes und des gesunden Menschenverstands. Aber unabhängig von seinen Arbeitgebern mußte ein Privatlehrer seine eigene Würde wahren, und Jims Vorstellung von angemessenem Verhalten schmeckte mir weniger nach Diskretion als Unterwürfigkeit. Die Zurechtweisung ärgerte mich, aber genau deshalb war ich ja hier. Einer der Gründe dafür, daß ich den Posten angenommen hatte, war herauszufinden, was sich im Privatleben sehr berühmter Menschen abspielte. Welchen Effekt hatten sie auf ihre Umgebung? Auf mich zum Beispiel.

Ein Effekt war der, daß sie meine Identität und meine Selbstachtung bedrohten. In einem Raum, in dem sich Richard und Elizabeth mit anderen Leuten aufhielten, blieb ich meist ungesehen und ungehört, ob ich es wollte oder nicht. Drastisch ausgedrückt, ich hörte auf zu existieren. Das war der Haupteffekt des Ruhmes. Gewöhnliche Menschen waren natürlich stärker an Berühmtheiten interessiert als an nicht berühmten Leuten wie sie selbst. Aber ein weiterer Effekt des Umgangs mit Richard und Elizabeth war das genaue Gegenteil: die Stärkung meiner Identität und meines Selbstwertgefühls durch die Beziehung zu diesen weltberühmten Stars. Jeder wollte den Saum der Königsrobe berühren oder, wenn das nicht möglich war, wenigstens den Saum der Robe von jemandem, der es getan hatte.

Ich hatte oft Gelegenheit das Kräftespiel des Ruhmes in den Häusern einiger der vermögenden Amerikaner, die in Vallarta überwinterten, zu beobachten. Ein in Amerika sehr bekannter Nachrichtenmoderator, der einen Thriller geschrieben hatte und Richards Segen begehrte und das Versprechen, daß er die Titelrolle in einer Verfilmung des Buches spielen werde, blieb so lange an der Bar der Casa Kimberley sitzen, bis sich Richard einverstanden erklärte. Richard nahm für den folgenden Tag eine Einladung in das Haus der Freunde an, bei denen der Moderator während seines Aufenthalts in Vallarta wohnte.

Ein ziemlicher Schund, meinte Richard zu mir, sobald der Mann verschwunden war, weshalb man wahrscheinlich einen recht guten Film daraus machen könnte. Und umgekehrt. Gute Bücher werden oft zu schlechten Filmen. Er war in geselliger Bloody-Mary-Stimmung. Der Moment schien nach einer Anekdote zu verlangen, und Richard wurde der Erwartung gerecht.

Wissen Sie, sagte er, mir wurde ursprünglich die Rolle des Jimmy Porter in *Blick zurück im Zorn* angeboten, als das Stück in London im Royal Court Theatre Premiere hatte. Ich lehnte ab. Dachte nicht, daß es ein Erfolg sein würde. Aber natürlich wurde es ein Riesenerfolg. Dann kam der Regisseur der amerikanischen Version zu mir und fragte mich, ob ich Jimmy Porter nicht in der amerikanischen Premiere am Broadway spielen wolle. Ich sagte, das mag in England geklappt haben, aber ich kann mir nicht vorstellen, daß es ein amerikanisches Publikum anspricht. Das Stück war auch am Broadway ein Riesenerfolg. Erster Streich, zweiter Streich und nun der dritte. *Blick zurück im Zorn* wurde verfilmt. Ich hatte mich zweimal geirrt, deshalb sagte ich zu, als man mir Jimmy Porters Rolle im Film anbot. Aber der Film war selbstverständlich ein totaler Flop.

Richard erzählte diese Anekdote am folgenden Tag auf einer Cocktailparty noch einmal. Als Anekdote war sie interessant, aber als Beleg für die These, daß aus guten Büchern oft schlechte Filme werden, taugte sie nicht. *Blick zurück im Zorn* war durchaus kein schlechter Film gewesen und ein Flop höchstens in dem Sinne, daß er sein Geld nicht eingespielt hatte.

Aber wenn Richard Burton auf einer Privatgesellschaft, bei der man sich als Gastgeber produzieren durfte, eine Anekdote erzählte, stellte man solche Feinheiten nicht in Frage. Darum ging es nicht. Vielmehr lächelte man und gab bewundernde Geräusche von sich, egal, welchen Unsinn er erzählte. Sogar Elizabeth lächelte, obwohl sie die Geschichte hundertmal gehört haben mußte. Als Richard und sie auf der polierten, gekachelten Türschwelle standen, hatten ihre Gastgeber sich noch nicht an den Gedanken gewöhnt, dass zwei derart berühmte Personen tatsächlich zu ihnen nach Hause gekommen waren. Sie gerieten aus der Fassung, liefen kopflos herum, verschütteten Getränke auf dem Teppich und sagten die albernsten Dinge. Sie benahmen sich schmeichlerisch und unterwürfig. Wäre es ein akzeptables Ritual gewesen, sich bei Cocktailpartys auf den Rücken zu rollen, hätten sie es bestimmt getan.

Ruhm ist Macht. Ruhm ist ein Aphrodisiakum. Stimmte das nur in der Werbung? Nein. Ruhm war sexy. Der Ruhm jedenfalls, den dieses besondere Paar repräsentierte, und noch mehr, den sie allein mit sich brachte. Die kriecherische Gefügigkeit, die Elizabeth und Richard von fast allen erwiesen wurde, ähnelte einer Art Paarungsritual. Es war ein nahezu sexuelles Verhalten. Die Menschen verloren die Kontrolle über sich.

Paarungsrituale großen Stils zeigten sich ein paar Tage später, als Elizabeth ihren achtunddreißigsten Geburtstag feierte und eine zehnköpfige Mariachi-Band in die Casa Kimberley kam, um ihr ein Ständchen zu bringen. Es waren Mexikaner wie aus dem Bilderbuch: stämmige Männer in schwarzer Uniform und mit Silberknöpfen an den Hosenbeinen. Einige trugen Zapata-Schnurrbärte und sahen so ähnlich aus wie Richard Burton als Markus Antonius auf dem Plakat am örtlichen Kino.

Jim als Zeremonienmeister hatte die Mariachi-Band heimlich auf der Treppe plaziert, und auf ein Signal von ihm legte sie los. Elizabeth war völlig überrascht oder wollte zumindest niemandem die Laune verderben, sich selbst am allerwenigsten. Sie konnte mit einer Pose aufwarten, die »Ich bin einfach sprachlos« vermitteln sollte, die die Herzen zum Schmelzen brachte. Stets entlockte sie der Köchin Maria Tränen, die sich die Wangen mit einem Taschentuch abtupfte und sich Vorwürfe machte, weil sie *muy emocional* sei. Manchmal ging Elizabeth zu Maria und legte den Arm um sie, worauf diese noch heftiger weinte.

Ehrerbietig und so behutsam, wie es zehn mit Posaunen, Trompeten und klirrenden Sporen ausgerüsteten Männern möglich war, geleitete Jim die Mariachis die Treppe hinauf zu Elizabeth – allerdings nicht ganz bis zu ihr, sondern in den Hinterhof. Dort arrangierte er sie dekorativ vor den Topfpflanzen, wo sie durch die durchbrochenen Kacheln der Wand, die den Hof vom Wohnraum trennte, die Señora sehen und von ihr gesehen werden konnten.

Als die Männer sie witterten, scharrten sie mit den Füßen und rollten die Augen wie Hengste, die zur Stute gebracht werden. Dann hoben sie ihre Instrumente und spielten erneut für die Señora auf: ein ohrenbetäubendes, fröhliches Stück mit einem Beiklang von Melancholie, das von Herzen kam. Dies war ein Ereignis, wie Elizabeth es liebte: Sie war von Männern umringt, die Augen nur für sie hatten, und sie konnte sich vor den Trompetern und Posaunisten noch besser in Szene setzen als vor Maria. Als die Musiker geendet hatten, kam sie herüber, um ihnen zu danken. In einer dünnen Bluse, die die Wölbung ihrer Brust betonte, und mit jener warmen Farbe auf den Wangen schenkte sie den Mariachis ihr strahlendstes Lächeln. Die Männer waren überwältigt.

Auch mich bedachte sie mit einem solchen Lächeln. Ich schenkte ihr ein Paar gehämmerte Messingohrringe, die ich für einige Pesos bei einem Juwelier in der Nachbarschaft gekauft hatte. Sie nahm sofort ihre Rubine ab und legte sich meine Messingohrringe an, wodurch diese – und ich – schlagartig einen Wertzuwachs von 100 000 Dollar verzeichneten.

Daß Elizabeths Sohn Chris an ihrem Geburtstag da war, hinderte sie und Richard nicht daran, auszugehen und den Tag mit Freunden zu verbringen. Beide kamen betrunken nach Hause, und Richard, den es schlimmer erwischt hatte, ging sofort nach oben ins Bett. Sie setzte sich auf eines der Sofas im Wohnzimmer und machte

Yogaübungen, während sie über die Jungen klagte. Da sie so wenig Umgang mit den beiden habe, falle es ihr schwer, sie zu verstehen. Ich schloß mich ihr zu einem Drink an, und wir versuchten uns im Armdrücken an der Bar. Lassen Sie mich nicht gewinnen, sagte Elizabeth und wurde rot im Gesicht. Also ließ ich mich selbst gewinnen und bog ihren Arm mühelos hinunter auf den Tresen. Sie war in einer Stimmung wie ein Kätzchen, ausgelassen und verspielt, und wie ein Kätzchen wollte sie sich rasch mit etwas Neuem beschäftigen.

Ich ließ sie an der Bar zurück, wo sie Zeitschriften las, und ging hinunter, um im Pool zu schwimmen. Als ich zurückkehrte, saß sie immer noch da und blätterte die Seiten um, doch Christopher rekelte sich auf der Couch direkt hinter ihr. Ich konnte nicht erkennen, ob sie miteinander gesprochen hatten oder ob Elizabeth sich seiner Anwesenheit überhaupt bewußt war.

Aus der Art, wie er an den Fingernägeln kaute, ließ sich ablesen, daß Christopher über irgend etwas beunruhigt war. Vielleicht wollte er nur mit ihr reden, brachte aber nicht den Mut dazu auf. Vielleicht wäre er schon zufrieden gewesen, wenn sie durch ein Zeichen bestätigt hätte, daß sie ihn wahrgenommen hatte. Schließlich war er nach einer Abwesenheit von neun Monaten gerade erst heimgekehrt. Aber die Mutter blieb an der Bar sitzen, wandte ihrem Sohn den Rücken zu, überflog die Zeitschriften und nahm ihn nicht zur Kenntnis. Nach einer Weile stand er auf und ging ohne ein Wort davon.

Eine Woche war vergangen, und noch immer hatten wir nicht darüber geredet, was ich dort eigentlich sollte. Ich hatte angenommen, daß sich Richard oder Elizabeth zu einem Gespräch mit mir zusammensetzen würden, um über Christophers Ausbildung zu sprechen. Ich hatte auf Vorschläge dazu gehofft, was für einen Unterricht ich erteilen sollte. Aber die Bewohner des Hauses badeten, betranken sich und dösten in der Nachmittagshitze dahin und waren nicht geneigt, das langweilige Thema auch nur zu erwähnen. Man schien durchaus bereit zu sein, sich auf der Sonnenterrasse am Pool zurückzulehnen und zuzusehen, wie ich Kaninchen aus meinem Oxford-Zylinder zauberte. Ich sprach Jim Benton darauf an. Er sagte, ich sei der Lehrer. Was, wie und wann ich unterrichtete, müsse ich selbst entscheiden.

Was Chris Taylor betraf, so spielte es kaum eine Rolle, womit wir uns beschäftigten. In sechs Monaten wäre er ohnehin wieder auf Hawaii, um zu surfen und nach Riesenschildkröteneiern Ausschau zu halten – für den Rest seines Lebens außer Reichweite jeglichen Unterrichts. Unter dieser Voraussetzung hatte sein Vater ihm erlaubt, nach Mexiko zu kommen. Doch was Chris Wilding anging, so mußte er meiner Ansicht nach eine Ausbildung beginnen, die, wenn nötig, in meiner Abwesenheit fortgesetzt werden konnte. Ich hatte mich nur für neun Monate als Lehrer verpflichtet, weil ich im folgenden Herbst ein Theaterstipendium antreten würde. Mir schien, daß er nach den Maßstäben des englischen Schulsystems unterrichtet werden sollte, denn ich selbst war innerhalb dieses Systems aufgewachsen und fühlte mich imstande, praktische Ergebnisse zu erzielen. Jungen seines Alters würden in ein paar Monaten ihre »O Levels« und zwei Jahre später ihre »A Levels« ablegen. Das war auch für Christopher ein geeignetes Ziel: Wenn er in zwei Fächern »A Levels« errang, bevor er achtzehn Jahre alt war, wäre er, falls er Wert darauf legte, für eine Hochschulausbildung qualifiziert.

Christopher hatte in seinem kurzen Leben fünf oder sechs Internate besucht, jedenfalls so viele Schulen, daß er nur Bruchstücke einer Ausbildung – ein bißchen hier und ein bißchen dort, mit großen Lücken dazwischen – zusammengetragen hatte. Akademisch gesehen war er fast unbeleckt. Er hatte die Erziehung erhalten, die sein Status als Elizabeth Taylors Sohn mit sich brachte. Mit fünfzehn Jahren war er bereits überall gewesen und hatte alles mögliche erlebt. An der Oberfläche wirkte er abgeklärt. Er machte sich seine Gedanken und blieb zurückhaltend bis reserviert. Dahinter lernte ich einen scheuen, ängstlichen Jungen kennen, der nicht wußte, wohin er gehörte und sich nichts sehnlicher wünschte als dies. Er spielte dauernd mit seinen Händen herum, als wolle er Knoten in seine langen Finger binden, sein ganzer Körper schien sich mit den Verdrehungen dieser Hände zu verkrümmen. Die Fingernägel kaute er sich bis zum Fleisch ab.

Der Haß auf das Internatsleben war etwas, das ich mit Christopher gemeinsam hatte. Plötzlich kam das Gespräch in Fluß mit diesem Jungen, der sich sonst so zurückhielt und kaum ein Wort sagte. Wir vertrauten einander allerlei Dinge an. Es gab so viele Möglichkeiten, Jungen in Schulen zu quälen, aus denen sie nicht entkommen konnten. Meine Mitschüler hatten mich aufgezogen, weil ich klein war, und Chris' Schulkameraden hatten ihn aufgezogen, weil seine Mutter ihren Körper in der Öffentlichkeit für Männer zur Schau stellte. Deshalb war sie in *Plötzlich im letzten Sommer* in den unvergeßlichen enthüllenden weißen Badeanzug geschlüpft: um junge Männer für ihren homosexuellen Gatten anzulokken. Es dürfte kein Trost für einen kleinen Jungen gewesen sein, daß sie dafür mit einer Oscar-Nominierung belohnt worden war, selbst wenn er gewußt oder verstanden hätte, wovon der Film handelte. Entscheidend war, daß er in der Schule wegen der Dinge gehänselt wurde, die seine Mutter auf der Leinwand darstellte.

Ich versuchte nicht, sein Vertrauen zu gewinnen, das wäre mir nicht eingefallen. Wir gewöhnten uns daran, einen großen Teil des Tages miteinander zu verbringen und alles miteinander zu teilen. Wenn es in der Casa Kimberley ein Erwachsenenlager und ein Kinderlager gab, dann hielt ich mich meistens in letzterem auf. Er war fünfzehn und ich zweiundzwanzig Jahre alt, und vierzig schien uns beiden gleichermaßen fern. Vertrauen wurde nicht erbeten oder gewährt. Mit der Zeit stellte es sich einfach ein.

Auf meine Bitte hin sorgte Jim dafür, daß der 1970er Lehrplan für die »O Level« in englischer Sprache, englischer Literatur, Geschichte und Französisch nach Mexiko geschickt wurde. Die Prüfungen würden im Juni und Juli stattfinden. Da die beiden Jungen keine am Lehrplan ausgerichteten Vorkenntnisse hatten, hielt ich es nicht für realistisch, innerhalb von zwei Monaten mehr als vier Fächer in Angriff zu nehmen. Ich bestellte bei Blackwell's in Oxford insgesamt rund fünfzig Lehrbücher, die zehn Tage später per Kurier eintrafen. Christopher zog ein langes Gesicht, als er hinunter ins Schulzimmer kam und all die Bücher erblickte. Mogli geriet in Panik. Er war ein ungestümer, manchmal launischer Junge, und es gab Momente, in denen er fast in Tränen ausbrach. Dies war einer von ihnen.

Elizabeths Beitrag zur Ausbildung ihres Sohnes bestand in dem Schulzimmer, das sie in der Casa Kimberley für uns eingerichtet hatte. Sie besaß eine klare Vorstellung davon, wie ein Schulzimmer aussehen sollte: ein bißchen englisch, ein bißchen altmodisch, mit Pulten und einer Tafel – ein bißchen vielleicht wie eine Puppenstube. Hier sollen Sie und die Jungen arbeiten, sagte sie und öffnete stolz die Tür: das Schulzimmer. Vielleicht hatte auch sie ein eigenes Schulzimmer gehabt, oder es hatte in einem Film eines gegeben, an das sie sich gerne erinnerte. Oder vielleicht war das Schulzimmer, da es ihr selbst an einer Ausbildung gefehlt hatte, in ihrer Phantasie ein Platz der idealisierten Hoffnungen und des Respekts.

Wenn wir in dem Zimmer saßen, hörte ich sie manchmal auf Zehenspitzen vorbeischleichen. Elizabeth verstand es, so auf Zehenspitzen zu gehen, daß man sie bemerken mußte. Ich malte mir aus, wie sie auf der anderen Seite der Wand den Finger an die Lippen legte und »Schsch!« machte, so daß jeder sie hören konnte. An heißen Nachmittagen, wenn es im Rest des Hauses wie ausgestorben war, pirschte sie manchmal heran, um französischen unregelmäßigen Verben, Englischaufsätzen oder den schlimmen Dingen zu lauschen, die England unter der Herrschaft von King John zugestoßen waren. Ich hatte das Gefühl, daß sie sich gern zu uns gesetzt hätte. Hier ging etwas vor sich, das sie verpaßt hatte. Es war, als spielten die beiden Jungen und ich im Schulzimmer ein Spiel, von dem sie ausgeschlossen war.

Das Schulzimmer befand sich auf der unteren Etage des Haupthauses. Man mußte hier durch, um das tiefergelegene Haus auf der anderen Straßenseite zu erreichen. Ursprünglich war die Casa Kimberley nur dieses eine Haus. Richard hatte das Grundstück gekauft und das Haus umgebaut, als er in den frühen sechziger Jahren zum ersten Mal nach Puerto Vallarta kam, um *Die Nacht des Leguans* zu drehen. Drei Frauen waren dabei: die sich ihrer Reize sehr bewußte Sue Lyon nach ihren Eroberungen in Lolita, die tropisch üppige Ava Gardner und Deborah Kerr, an die ich mich nicht erinnern konnte. Verständlicherweise fand er Gefallen an einem Ort, der so angenehme Erinnerungen für ihn bergen mußte, und beschloß, hier Grundbesitz zu erwerben.

Nachdem er Elizabeth geheiratet und mit ihr einen Haushalt eingerichtet hatte, wurde ein größeres Gebäude benötigt, das nicht nur seine, sondern auch ihre Gäste aufnehmen konnte. Also wurde das Grundstück auf der anderen Straßenseite gekauft, und das Haus, das Richard dort bauen ließ – einschließlich Gästeflügel, Bar, Swimmingpool und Sonnenterrasse –, war mit dem oberen Haus durch eine Brücke verbunden. Es war nicht irgendeine Brücke. Etwas Besonderes war erforderlich, ein romantischer Tribut an das, was Marjorie Dee als internationale Liebesaffäre gepriesen hatte. So wurde eine Nachbildung der Seufzerbrücke in Venedig über die kleine gepflasterte *calle* in Puerto Vallarta gebaut, und statt Gondeln bewegten sich Mulis unter der Brücke hin und her. Doch wenn dies ein Denkmal an die Liebe sein sollte, dann war es ein seltsames. Wer immer es gebaut hatte, war entweder historisch nicht auf dem laufenden gewesen oder zynisch der Liebe gegenüber eingestellt. Zum einen sah die Brücke überhaupt nicht wie ihr Vorbild aus, und zum anderen hatten die Seufzer der Unglücklichen, die die Brücke zwischen dem Dogenpalast und seinen Kerkern überquerten, nichts mit Liebe zu tun gehabt.

Von neun bis zwölf und von zwei bis vier Uhr unterrichtete ich die Jungen im Schulzimmer. Manchmal trafen wir Richard in unserer Pause am Vormittag an, wenn er sich an der Bar zum Frühstück eine Bloody Mary mixte, aber im allgemeinen ließen sich Elizabeth und er selten vor der Tagesmitte blicken. Es gab ein stillschweigendes Einverständnis darüber, daß das große Wohnzimmer im oberen Haus ihr Territorium war und daß wir es nur für unsere Mahlzeiten benutzten. Wir hatten den Hinterhof, das Schulzimmer und den sich dort anschließenden Bereich mit einem Billardtisch und einer Pingpongplatte zur Verfügung. Im unteren Haus war der Swimmingpool mehr oder weniger für uns reserviert. Elizabeth benutzte ihn selten, Richard nie. Auch von der Sonnenterrasse machten sie kaum Gebrauch, diese stand ihnen und jenen Gästen zur Verfügung, die gerade das untere Haus bewohnten. Die Bar und das Wohnzimmer dort unten wurde ausschließlich von Richard benutzt. Das war sein Revier. An den meisten Tagen ließ er sich dort gegen Mittag für ein, zwei Stunden mit seiner Schreibmaschine nieder. Die Jungen und ich kamen auf dem Weg zum und vom Swimmingpool dauernd an ihm vorbei, aber Richard schenkte uns kaum Beachtung. Und wir nahmen ihn ebenfalls kaum zur Kenntnis.

Es war eine Reiseschreibmaschine, und sie begleitete Richard jeden Tag auf seinen Wanderungen. Er trug sie zwischen den Häusern auf beiden Straßenseiten hin und her. Im oberen Haus ruhte die Maschine auf einem Hocker vor Richards Stuhl, wo sie von *E'en So*, seiner Pekinesin, bewacht wurde. Vielleicht erholte die Hündin sich noch von dem Kaiserschnitt, dem man sie in der Klinik in Los Angeles unterzogen hatte, und fühlte sich der Treppe nicht gewachsen, weshalb sie Richard auf seinen Ausflügen ins untere Haus nicht folgte. Wochenlang war der tägliche Weg über die Seufzerbrücke die einzige Bewegung, die Richard hatte. Wie ich bald herausfand, hatte er einen guten Grund, im Haus zu bleiben.

Einmal machten wir alle einen Spaziergang durch Puerto Vallarta und bestellten *ceviche* und ein Glas Wein in einem kleinen Restaurant, das zu Richards Lieblingslokalen gehört hatte, als er zum ersten Mal hierhergekommen war. Wir wollten uns den Ort ansehen. Statt dessen sah der Ort uns an. Hier hat sich einiges verändert, sagte Richard und deutete auf eine Gruppe von Schaulustigen, so was gab's früher nicht. Bald war die Gruppe zu einer Menschenmenge geworden. Der Spaziergang zurück verwandelte sich in einen königlichen Umzug. Wir waren erleichtert, als wir wieder am Haus waren und das Tor hinter uns schließen konnten.

Drei- oder viermal im Monat warf ein Kreuzfahrtschiff in der Bucht von Vallarta Anker. Vom Balkon des großen Zimmers aus konnten wir beobachten, wie die Passagiere an Land gebracht wurden. Die Casa Kimberley stand als Touristenattraktion auf der Reiseroute des Schiffes. Ein oder zwei Stunden später, wenn wir beim Abendessen saßen, konnten wir einen Chor meist amerikanischer Stimmen hören, der unten brüllte: »Richard! Elizabeth!«

Hin und wieder vergaßen wir, daß jederzeit Fans vor dem Haus lauern konnten, um einen Blick auf Richard oder Elizabeth zu erhaschen. Und wenn jemand, sei es auch nur der Hausdiener oder die Köchin, zufällig ans Geländer trat, ließ sich sofort das Klicken der Kameras von der Straße her vernehmen.

Es wurde zu einer immer größeren Belastung für die Hausherren von Casa Kimberley, einen Schritt vor die Tür zu setzen. Sie lebten mehr oder weniger unter Hausarrest. Es mochte kein allzu großes Problem für Richard sein, denn er brütete an seiner Schreibmaschine, las den ganzen Tag und einen Großteil der Nacht, trank und schlief. Aber Elizabeth brauchte Menschen um sich, Ge-

Der Hauslehrer am Morgen nach seiner Ankunft in Casa Kimberley – und kurz bevor er sich mit Batik-Hemd und Goucho-Hosen der hiesigen Kleiderordnung anpaßte.

Die Casa Kimberley 1970 – mit Seufzerbrücke

Chris Taylor (Mogli) und sein Cousin Christopher Wilding, Elizabeth Taylors Sohn (rechts). In ihrer Beziehung hatte eindeutig Mogli das Sagen: Christopher mußte warten, bis er an der Reihe war, die Angel zu halten.

Der Wohnraum in der Casa Kimberley, hier mit Hund JG, einem Geschenk von John Gielgud. In der Mitte der Eßtisch, an dem sich die Familie zu den Mahlzeiten versammelte.

Wohnraum mit Treppe zu Richards und Elizabeths Zimmer (oben),
Richards Schreibmaschine mit eingebautem Dylan-Thomas-Sound (2.v.u.),
die Bar – zentraler Treffpunkt in der Casa Kimberley.

Cousins: Christopher Wilding (li.) und Chris Taylor (re.). Als Surfer hielt Chris immer Ausschau nach der perfekten Welle, als Mogli redete er mit den Vögeln.

Mariachi-Musiker brachten Elizabeth ein Geburtstagsständchen.
Time out: Richard läßt sein Glas nachfüllen.
The party's over: Die beiden Jungen mit Norma Hayman und Raymond.

Gegensätze: Puerto Vallarta von seiner malerischen Seite: eine der Villen auf dem Hügel. Frauen aus der Barackensiedlung waschen ihre Kleider im Fluß.

schäftigkeit, Spaß. Im Lauf der Wochen spürte ich ihre zunehmende Rastlosigkeit und die dadurch wachsende Spannung zwischen den beiden.

Sogar die Jungen schien die Aufdringlichkeit der Außenwelt zu stören. Sie zeigten kein Interesse daran, die Nachbarschaft zu erforschen, an den Strand zu gehen oder die Hügel hinter dem Haus hinaufzusteigen. Vielleicht war dies der Grund dafür, daß sie sich kaum jemals beschwerten, wenn ich sie zurück ins Schulzimmer rief oder ihnen Hausaufgaben gab. Was sonst konnten sie tun? Tischtennis spielen und am Swimmingpool herumalbern. Ihr ganzes Leben orientierte sich nach innen, auf die Casa Kimberley, wo sie vor den prüfenden Augen der Außenwelt geschützt waren.

Einen Fremden in diese Welt hineinzulassen war ein Risiko. Wenn ihre Privatsphäre hier verletzt wurde, wo konnten sie sich dann noch verstecken? Wenn ihr Frieden hier gestört wurde, was hatten sie dann noch für sich?

Meine Arbeitgeber brauchten ein paar Wochen, um sich an den neuen Hausbewohner zu gewöhnen. In dieser Zeit bekam ich sie selten zu Gesicht, und wenn ich sie sah, wahrten sie mißtrauisch Distanz. Es war eine Probezeit. Am Tag, als Richard mich fragte, ob ich eine Partie Scrabble mit ihm spielen wolle, nahm ich an, daß ich die Prüfung bestanden hatte.

Zum Scrabblespielen zogen wir uns, wenn der Unterricht am Nachmittag aus war, ins untere Haus zurück, dorthin, wo Richard sich gern an die Schreibmaschine setzte. Die Einrichtung entsprach besten Turnierbedingungen. Wir hatten eine Bar, eine Toilette, die Möglichkeit, uns zu waschen und auszuruhen, sowie die zwölf Bände des Oxford English Dictionary. Wörter, die nicht im OED standen, waren verboten. Um den Einsatz zu erhöhen, wandelten wir die Regeln nach und nach ab, bis wir uns auf folgende Lösung einigten: Man konnte ein Wort des Gegners in Frage stellen und es im Wörterbuch nachschlagen, aber wenn es sich als richtig erwies, wurden Strafpunkte von den eigenen Zählern abgezogen. War das Wort falsch, mußte der Gegner eine Runde aussetzen.

Es war kein Spiel, denn es diente nicht unserem Vergnügen. Scrabble war ein rituelles Gefecht, das beweisen sollte, wer der gebildetere, der bessere Mann war. Wir waren beide sehr ehrgeizig und wollten unbedingt gewinnen. Zum Glück für unsere Selbstachtung und für den Hausfrieden erwiesen wir uns als mehr oder weniger ebenbürtig.

Dies war eine weitere Aktivität, von der Elizabeth ausgeschlossen war. Scrabble war eine ernste Angelegenheit, und Richard wollte nicht, daß sie mit uns spielte. Sie würde gegen die Regeln verstoßen, oder sie würde nicht genug Worte kennen und wäre unter unserem Niveau. Es kam einmal beim Abendessen zu einer Szene, als Richard in seiner Dylan-Thomas-Stimmung von Wales sprach und die Wendung »fertile Felder« benutzte. Elizabeth schnaubte. »Fertil, mein Gott.« Sie gackerte höhnisch. »Wie sah *das* denn aus?«

Richard wandte sich zu mir und sagte kühl: »Das ist einer der Unterschiede, den du zwischen mir und Elizabeth bemerkt haben dürftest. Elizabeth hat nur einen sehr begrenzten Wortschatz, während ich einen ungeheuren Wortschatz habe.«

Ich war erstaunt, daß er so etwas, ohne jeglichen Anflug von Selbstironie, verkünden konnte. Christopher, der ebenfalls am Tisch saß, amüsierte sich köstlich. Er ging danach im Haus herum und imitierte Richards dröhnende Stimme: »Ich habe einen riesigen, enormen, *ungeheuren* Wortschatz.« Dabei lachte er hämisch vor sich hin und verkrümmte seinen ganzen Körper. Es wurde zu einer Art Losung hinter Richards Rücken. Wenn einer der Jungen im Schulraum eine Aufgabe besser erledigte als der andere, blähte er sich auf, schlug sich an die Brust und bellte: »Ich habe einen *ungeheuren* Wortschatz!«

Im Verlauf unserer ausgedehnten Scrabblepartien lernte ich Richard besser kennen. Ich fand heraus, daß Richard Burton, obwohl er weithin als Schauspieler bekannt war, sich selbst lieber als Schriftsteller gesehen hätte. Im Haus von Marjorie Dee in Los Angeles hatte ich ein von Richard geschriebenes Buch mit einer Widmung für sie in die Hand genommen: eine Geschichte über ein Weihnachtsfest in Wales. Sie gefiel mir recht gut, obwohl der lyrische Stil mit seiner Vorliebe für Stabreime etwas zu stark unter dem Eindruck von Dylan Thomas stand.

Richard war verlegen, als ich erwähnte, daß ich das Buch gelesen hatte. »Das hättest du dir sparen können«, sagte er. Zwar rühmte er sich seines Wortschatzes, aber über sein Schreiben äußerte er sich abschätzig. Ich überlegte, ob es tiefergehende Parallelen gab, ob das, was er in seinem Leben erreicht hatte, weniger wichtig war als das, was ihm versagt geblieben war, und was der Grund dafür sein mochte. War das Grübeln über diese Frage zu einer Art Selbstinquisition geworden?

Unterdessen tippte er weiterhin täglich zwei Stunden lang auf der Reiseschreibmaschine. Wenn ich ihn über die Maschine gebeugt sah, wirkte er wie jemand, der sich selbst Botschaften schickte. Was schrieb er? Hauptsächlich sein Tagebuch, aber bestimmt auch andere Dinge. Manchmal, wenn ich zu unseren Scrabblepartien eintraf, hob ich zerknülltes Papier vom Boden auf und glättete die Seiten. Sie waren leer.

Dylan Thomas, Richards Freund und walisischer Landsmann – ein Stimmenzauberer und Wortjongleur, ein toter romantischer Held, ein ausgebrannter Trunkenbold –, war dies sein Vorbild, die Verkörperung der Rolle, die er am liebsten spielen, der Mann, der er am liebsten sein wollte?

In einer Unterhaltung über Dichter, die wir bewunderten, machte ich mich einmal für das lyrische Element stark, das in T. S. Eliots Versen zu finden ist. Ich war der Meinung, daß Eliot als lyrischer Dichter unterschätzt werde. Eliots Lyrik fehlten vielleicht die Ausstrahlung und der Schwung der Werke von Dylan Thomas, aber sie überrasche durch die Subtilität ihrer beiläufigen Bemerkungen, die für mich genauso bewegend sei wie meine besten Funde bei Dylan Thomas.

Richard schaute skeptisch drein.

»Ich war mal auf einer Party, zu der man beide eingeladen hatte«, sagte er. »Da standen sie – im selben Zimmer. Und niemand schenkte Eliot viel Aufmerksamkeit. Wenn Dylan im Raum war, konnte niemand mithalten. Er stahl allen die Show.«

Kurz darauf erzählte Richard mir eine weitere Anekdote zum selben Thema. In London hatte er sich Ralph Richardson und John Gielgud in David Storeys Stück *Home* angesehen. Richard grinste mitfühlend und fuhr fort: »Es war großartig zu beobachten, wie die beiden alten Käuze versuchten, einander auszustechen.«

Nachdem ich Richard und Elizabeth über einen längeren Zeitraum hinweg auf der Privatbühne von Casa Kimberley beobachtet hatte, fragte ich mich, ob Richards Empfindlichkeit beim Thema *ausstechen* und *die Show stehlen* vielleicht der Stoff des Dramas war, das sich direkt vor meinen Augen abspielte: Richards Konkurrenzkampf mit einer Kollegin, seiner Frau, die immer im Rampenlicht zu stehen schien, selbst wenn sie sich scheinbar nicht darum berühmte. Das war zur Zeit meiner Ankunft zu einem besonders heiklen Punkt geworden.

Man hatte Richard gerade für einen Oscar als Hauptdarsteller in *Königin für 1000 Tage* nominiert. Es war seine fünfte oder sechste Nominierung, bisher ohne Erfolg. Elizabeth hatte zwei Oscars bekommen, den zweiten drei Jahre zuvor für *Wer hat Angst vor Virginia Woolf?*. Richard und sie waren beide für ihre Darstellung in diesem Film nominiert worden. Elizabeth gewann, Richard nicht. Das mußte ihm weh getan haben.

In den Wochen des Wartens vor der Oscar-Verleihung, war Richard in düsterer Stimmung und litt unter besonders heftigen Anfällen seiner Trunksucht. Wenn er am späten Vormittag herunterkam, ging er sofort zur Bar, um sich eine Bloody Mary zu mixen. Bis zum Mittagessen genehmigte er sich drei oder vier davon. Richard konnte eine Menge trinken, ohne daß man es ihm anmerkte. Bei unseren Scrabblepartien am späten Nachmittag war er stets auf Draht. Vor dem Abendessen kippte er zuweilen mehrere Martinis hinunter, trank während der Mahlzeit ein oder zwei Flaschen Wein und konnte doch fehlerlos aus den Werken jedes Dichters oder Dramatikers zitieren, dessen Name beim Tischgespräch erwähnt wurde. Er hatte ein außerordentliches Gedächtnis. Durch Alkohol schien es nicht beeinträchtigt zu werden. Aber am Ende des Abends war er betrunken, und man sah es ihm an.

Manchmal wurde er kämpferisch, wenn er betrunken war. Mehrmals bat Elizabeth mich, mit den Jungen das Haus zu verlassen und sie zu beschäftigen, bis Richard im Bett verstaut war. Oft führte sie ihn die Treppe zum Schlafzimmer hinauf. Sie konnte mit ihm umgehen, und Richard ließ sich von ihr führen. Aber hin und wieder war auch Elizabeth betrunken. Dann schossen die beiden durchs Haus, zwei Feuerkugeln, die einander versengten, wenn sich ihre Umlaufbahnen kreuzten.

Am späten Abend bat mich Richard oft, Pool oder – wenn er in Kampfstimmung war und dies durch eine symbolische Trotzhandlung untermauern wollte – Billard mit ihm zu spielen. Billard statt des amerikanischen Pool mit numerierten Kugeln bedeutete, einem europäischen Spiel den Vorzug vor einem amerikanischen zu geben. Hier begab man sich in eine der nicht klar umrissenen Kampfzonen in Richards Leben: Großbritannien hatte das Nachsehen gegenüber Amerika. Diese Haltung verstand ich als Ausdruck einer Kampfbereitschaft, die sich für den Schwächeren stark machte und die vielleicht zu dem Arbeitermilieu gehörte, aus dem Richard stammte. Seine Feindseligkeit, verbunden mit einer gewissen Arroganz, gegenüber Amerika und der Filmbranche, blieb vielleicht auch bei den Mitgliedern der Academy nicht unbemerkt, was seine alle Rekorde brechenden Mißerfolge bei den Oscar-Verleihungen erklären könnte.

Ich war kein sehr guter Billardspieler. Deshalb spielten wir nur abends, wenn Richard betrunken war und er die Kugeln nicht klar sehen konnte – ein Handikap, das unsere Chancen mehr oder weniger ausglich. Manchmal gewann ich sogar. Der Pooltisch stand vor dem Schulzimmer auf der unteren Etage. Um den Hauseingang von hier aus zu erreichen, ging man an einer üppigen Pflanzenrabatte entlang, die den Raum vor den neugierigen Blicken der Passanten abschirmte, und stieg eine Steintreppe zum schmiedeeisernen Tor hinunter.

Da Kreuzschiffe und Reisebusse mit jedem Monat mehr Touristen nach Puerto Vallarta brachten, warteten an den meisten Abenden der Woche Leute vor der Casa Kimberley. Die Poolpartien, die Richard in betrunkenem und kämpferischem Zustand spielte und in denen er die Kugel, den Tisch, den Stoßwinkel, Schauspielerkollegen und alles andere verfluchte, was er gerade nicht ausstehen konnte, waren meistens so lautstark, daß die Menschen auf der Straße, wenn sie uns auch nicht sehen konnten, Richard zumindest hörten.

Was macht die verfluchte Kugel dort drüben? Dein Werk? Was für eine Gemeinheit. Guck dir diesen Bandenstoß an, mein Lieber. Die peitschende Stimme war nicht zu verkennen. Die in Hörweite auf der Straße wartenden Bittsteller ließen sich zuerst schüchtern, und wenn ihr Selbstvertrauen wuchs, lauter vernehmen.

Richard, Richard, erklangen die Rufe. Wir sind große Bewunderer von Ihnen. Wir sind den ganzen Weg aus Ohio gekommen, um uns dieses Haus anzusehen. Würden Sie ein Autogramm für meine Tochter unterzeichnen? Wären Sie so freundlich sein, eine Minute herunterzukommen?

Manchmal war Richard so freundlich. Um zu verhindern, daß er sich verletzte, half ich ihm ab und zu die Treppe hinunter. Hände streckten sich durch die Gitter des Tores, um den Saum des königlichen Gewandes zu berühren. Richard, Richard! Fragend, eingeschüchtert und schmachtend wurden Bitten, Forderungen, Glückwünsche oder Liebeserklärungen hervorgebracht. Die Worte und Handlungen gerieten außer Kontrolle wie bei

Menschen, die nicht wissen, was sie tun, wie inkontinente Menschen, die sich in die Hosen machen. Richard stand am Tor, griff nach ihren Händen, schwankend, schwitzend, überschwemmt von dieser Woge der Verehrung, die von der Straße hereingespült wurde.

Manchmal war er übler Laune, kein bißchen freundlich und überschüttete seine Bewunderer mit ordinären Beschimpfungen. Verpißt euch bloß und laßt mich in Ruhe. Die Leute aus Ohio waren sprachlos. Nach einem Moment schockierten Schweigens sammelten die Fans ihre Kräfte und schrien zurück. Was für eine schreckliche Ausdrucksweise! Sie ohne den geringsten Anlaß anzugreifen, Fremde, die gutwillig an seiner Tür warteten – wie konnte er es wagen! Wofür zum Teufel hielt er sich eigentlich? Dreckskerl! Säufer! Was für ein Arschloch. Nachdem Richard an einem Abend in einer Woge der Verehrung gebadet hatte, konnte er am nächsten von Schmähungen überschüttet werden. Es kam eben darauf an, in welcher Stimmung er gerade war.

Es gab Tage, an denen er gutgelaunt auf die Touristenserenade reagierte, indem er von der Bar zum Balkon schlenderte und sich dem Volk zeigte wie ein römischer Kaiser. Er solle es in einer Toga tun, scherzte ich einmal, oder vielleicht in jener hübschen Tunika, die er in *Kleopatra* getragen hatte und die seine Beine so hübsch zur Schau stellte. Damit werde die Darbietung noch besser aussehen. Richard wußte den Vorschlag nicht zu schätzen. Die Sache war nicht zum Spaßen. Er mochte vorgeben, kein Interesse an den Fans zu haben, aber in Wirklichkeit nahm er sie ernst und genoß es, wenn sie ihm huldigten.

Elizabeth näherte sich dem Balkon nie, wenn das Risiko bestand, daß jemand sie von der Straße aus sehen konnte. Dort draußen gab es nichts, was sie brauchte oder sich wünschte. Da sie sich kaum an eine Zeit in ihrem Leben erinnern konnte, in der sie nicht berühmt gewesen war, wurde sie wahrscheinlich leichter mit dem Ruhm fertig als Richard. Ruhm war ein Teil von ihr wie die eigene Haut. Die Eigenschaft, die mir am besten an Elizabeth gefiel, war eine, die ich am wenigsten erwartet hatte: ihre Natürlichkeit.

Nachdem Richard die schönste, begehrenswerteste und berühmteste Filmschauspielerin der Welt umworben und für sich gewonnen hatte, wie Marjorie Dee es vielleicht ausgedrückt hätte, mußte er von Genugtuung erfüllt gewesen sein. Er hatte seinen Rivalen in Hollywood die Show gestohlen, den Einheimischen eine Abfuhr erteilt und seine alten Kollegen am britischen Theater so gründlich ausgestochen, daß sie von seinem Horizont verschwunden waren. Aber nach sechs oder sieben Jahren Ehe blieb Elizabeth ein größerer Kassenschlager unter ihrem eigenen Namen, als Richard es unter seinem jemals hätte werden können. Er konnte Einladungen im Namen von Mr. und Mrs. Richard Burton verschicken, sooft er wollte, doch es war Miss Elizabeth Taylor, die die meisten Gäste zu sehen wünschten. Wann immer er neben ihr stand, wäre sie die Hauptattraktion und er der Begleitstern. Richard muß das gewußt haben, und es hat ihn erbittert.

3

Anders als Elizabeth und Richard konnte ich kommen und gehen, wann ich wollte. Manchmal empfand ich die Atmosphäre in der Casa Kimberley als bedrückend und freute mich über eine Gelegenheit, aus dem Haus zu entkommen. Also ging ich gern auf Jims Vorschlag ein, mit ihm und George an Rodrigos Spanischunterricht teilzunehmen.

Seiner offiziellen Funktion nach war Rodrigo der Hausarzt in der Casa Kimberley, wo man ihn unter seinem formellen Titel Dr. Chávez kannte. Davon abgesehen, daß er hin und wieder Medikamente gegen Kopfschmerzen oder Durchfall verschrieb, hatte Dr. Chávez jedoch nichts zu tun; also wurde er von Rodrigo abgelöst, der Spanischunterricht gab. Er las laut aus einem Lehrbuch vor und ließ uns die Übungen wiederholen – eine Methode, die mich so langweilte, daß ich bald jede Lust am Sprachunterricht verlor. Als Lehrer konnte ich vielleicht auf der Notwendigkeit bestehen, unregelmäßige Verben zu konjugieren, doch als Schüler sah ich das anders. Ich machte mich auf, das Leben in Puerto Vallarta kennenzulernen, und legte mir mein eigenes Spanisch zurecht.

Im Flußtal unterhalb von Jims und Georges Haus war die Barackensiedlung. Die Hütten waren aus Holz, Palmenblättern und Wellblech zusammengeflickt. Die Lager gehörten nicht ganz zum Landgebiet, waren aber auch noch nicht von der Ortschaft vereinnahmt worden, und sie wirkten genauso provisorisch wie das Leben der Bewohner. Hinter ihnen zogen sich die Berge bis in die Ferne, und sie waren ein malerisches Motiv, wenn man sie von Jims Veranda aus fotografierte. Auch die Frauen, die ihre Kleidung abends im Fluß wuschen und in ihrer Unterwäsche unter Palmdächern kauerten, sahen malerisch aus. Aber jenseits der Fotos, in der Hitze, im Staub und Gestank des Tales war das Leben anders.

Die Baracken am Ortsrand waren außer Sichtweite des Urlaubslebens am Meer und bildeten die Auswüchse eines Dorfes, das zu rasch gewachsen war und plötzlich zu einem Städtchen geworden war. Der Grund war, daß Richard Burton und Elizabeth Taylor beschlossen hatten, hier ein Haus zu bauen. Sie hatten Puerto Vallarta zur Mode gemacht, genau wie Monarchen in der Vergangenheit Badeorte zur Mode gemacht hatten, indem sie regelmäßig dorthin zur Kur fuhren.

Saisongäste, reiche Amerikaner, die irgendwo überwintern wollten, von denen manche jedoch vor allem als Trendsetter Maßstäbe setzen wollten, fielen in Puerto Vallarta ein. Zugvögel aus dem Norden strömten in Scharen in das unbekannte Dörfchen an der Pazifikküste, hielten nach geeigneten Besitztümern Ausschau und machten viel Wirbel. Es gab nicht genug geeignete Besitztümer. Sie mußten erst gebaut werden. Das kostete Zeit.

Andere Saisongäste kamen, um den Bedarf zu decken: Mexikaner, die aus dem Landesinneren an die Küste reisten und sich als Arbeiter auf den Baustellen verdingten, die bald überall entstanden. Die Wanderarbeiter brachten

Frauen mit, die schneller Kinder gebaren, als ihre Männer Häuser bauen konnten. Diese Familien blieben und wurden zu den Bewohnern der Barackensiedlung, die ich jenseits meiner Schlafzimmerwand hörte. Die Baracken breiteten sich schneller aus als der Ort.

Diese Unstimmigkeit fiel auf und wurde zu einem beliebten Gesprächsthema auf Partys, die von schnellebigen Amerikanern veranstaltet wurden, deren Häuser von langsamen Mexikanern gebaut wurden. Ich, ein Neuling in dieser Welt, stand da, umklammerte meinen Highball und lauschte den müßigen Reden der geschäftigen Reichen. Warum, mochte der Hausbesitzer den lokalen Bauunternehmer fragen, setzen Sie Männer ein, um das Fundament eines Hauses auszuheben, wenn es mit Maschinen viel schneller ginge? Schneller vielleicht, antwortete der Bauunternehmer, aber auch teurer für Sie, Señor, und auch für dieses Land, in dem es bald zu einer Revolution kommen würde, wenn man Arbeitslosen eine Beschäftigung vorenthielte und alles durch Maschinen erledigen ließe. Man muß die Mittel nutzen, die man hat. Schön, sagte der Hausbesitzer, verstanden. Aber warum sind diese Arbeiter langsam und finden trotzdem Zeit zu singen? Wenn sie die Energie haben, den ganzen Tag in der Hitze rumzustehen und zu singen, wieso sorgen Sie dann nicht dafür, daß sie ein bißchen weniger singen und ein bißchen mehr arbeiten?

Auf der Anhöhe von Puerto Vallarta mit einer Millionärsaussicht auf die breite blaue Bucht gab es mehrere Bauplätze, an denen ich bei meinen Streifzügen vorbeikam. Ich bog in steile Gassen ein und kletterte Treppen zwischen Mauern hinauf, die von Bougainvilleen überwuchert waren, orangefarbenen, violetten und roten Büscheln, die Schwärmen von Schmetterlingen glichen.

Arbeiter mit schmutzigen weißen Hüten standen in der Sonne, und ihre Gesichter waren verbrannt wie die Erde. Sie reichten Ziegel in einer Kette weiter, die an einem Lastwagen begann und auf dem Dach endete. Je weiter sich die Menschenkette in den Schatten erstreckte, desto dunkler schienen die Gesichter unter den weißen Hüten zu werden. Männer auf dem Dach hämmerten Nägel in Sparren. Andere schaufelten Sand. Alle sangen, oder wenigstens waren sie von einem langsamen, tragenden Geräusch erfüllt, das als Gesang gelten konnte, von einem Rhythmus, den sie in ihren Körpern spürten. Das gab die Geschwindigkeit an, mit der sie arbeiteten. In der Sonne, im Schatten, bei allen Tätigkeiten auf der Baustelle schienen sich all diese Arbeiter zu bewegen wie die Muskeln eines einzigen Körpers.

Die Frauen brachten ihre kranken Babys zu Dr. Chávez und saßen mit steinerner Geduld in seinem kahlen Wartezimmer. Die Patienten des Arztes waren Einheimische, seine Praxis ein Block aus gegossenem Zement unter einem Wellblechdach, das einem umgekippten Riesenkaktus als Stütze diente. Von hier aus überblickte man einen Teil des Ortes, in dem keine Gringos wohnten, einen Hinterhof mit Hühnerställen und einen übelriechenden Ziegenstall. Dr. Chávez war in der Casa Kimberley weniger deshalb als Hausarzt empfohlen worden, weil er sein Handwerk verstand, sondern, weil er ein diskreter Mann war, der zu anderen Gringos im Ort kaum beruflichen Kontakt hatte. Das schränkte klatschbedingte Schäden ein, allerdings nur theoretisch, denn sobald die anderen Gringos erfuhren, daß er Hausarzt in der Casa Kimberley war, wollten sie ebenfalls von ihm behandelt werden.

Rodrigo Chávez war ein schmaler, nervöser, früh kahl gewordener Mann mit einer freundlichen, wenn auch etwas förmlichen Art. Häufig war er in Gedanken versunken, als sei die Frage, wohin er gehörte, noch nicht gelöst: in die Casa Kimberley als Hausarzt der Gringo-Superstars mit einem Sprechzimmer mit Seeblick oder als Arzt der Barackensiedlung in die Praxis, die auf den Hinterhof mit den stinkenden Ziegen und den Hühnern hinausblickte.

Als ich regelmäßig abends auszugehen begann, begegnete ich ihm häufig in Felipes Bar. Er saß kerzengerade da, ein wenig zu förmlich in seiner schwarzen Hose und dem weißen Hemd, zog lange an dem Joint, der herumgereicht wurde, und machte dabei ein zischendes Geräusch, wild und leidenschaftlich, als wäre es der letzte Joint seines Lebens. Er versteckte den Rauch in seiner Lunge, sperrte ihn in die Schatzkammern von Körper und Geist und schloß die Augen, bevor er den Joint weitergab.

In Felipes Lokal traf man auf eine Menagerie seltsamer Nachtgeschöpfe, doch keines war seltsamer als Felipe selbst. Der Besitzer war ein halbchinesischer, flachgesichtiger Guatemalteke mit schweren Augenlidern. Die obere Hälfte seines rechten Ohres fehlte. Das Ohr sah zerkaut aus. Und genau das war es auch. Die fehlende Hälfte war während einer Schlägerei in einer Bar von Guatemala City abgebissen worden. In schönen Nächten, wenn sich in seiner Bar ein dichter Dunst aus Abwasser, Bier und Schweiß bildete und Felipe bei Laune war, leckte er sich die Lippen und erzählte die Geschichte, die regelmäßig mit der Aussage endete, daß der Angreifer, wäre Felipe nicht entwischt, ihm auch noch die andere Hälfte abgebissen hätte. Ein oder zwei Jahre vor dem Bau des Flughafens tauchte Felipe in Puerto Vallarta auf, zahlte dem *jefe* der Ortspolizei die branchenüblichen Gebühren und eröffnete eine Bar.

Dem chinesisch-guatemaltekischen Gangster mit dem zerkauten Ohr gelang es bald, daß seine Bar in die Gringo-Liste von nicht zu versäumenden Attraktionen in Vallarta aufgenommen wurde. Er spezialisierte sich auf Cocktails, zu deren Bestandteilen ein marinierter Skorpion am Boden des Glases gehörte. Man wußte, daß in seiner Bar die Bedürfnisse von Amerikanerinnen mittleren Alters erfüllt wurden, die ohne große Umstände einen Einheimischen vögeln wollten. Sie konnten ihn für schnellen Sex in einem der oberen Zimmer mieten oder gleich ins Hotel mitnehmen.

Gewöhnlich standen drei oder vier Gigolos in Felipes Bar zur Auswahl. Sie reichte von dunklen untersetzten Indios bis hin zu schmalhüftigen, eleganten jungen Männern wie Enrique, die eher klassisch mediterran als mexikanisch aussahen. Die Gigolos saßen am hinteren Rand der Bar und rauchten gemeinsam mit den Stammkunden – Connaisseurs wie Rodrigo, die kamen, um Felipes Gras zu probieren, das in der ganzen Provinz Jalisco für seine kräftige halluzinative Wirkung berühmt war. Es wurde in braunen Pappkartons hinter dem Tresen verwahrt und unter phantasievollen Markennamen wie Blue Dream, Yellow Fever, Aztec Fire und Acapulco Gold gehandelt.

Bevor ich in Mexiko eintraf, hatte ich keine Erfahrung mit Drogen. Ich hatte nie Gras geraucht, wußte nichts von Gigolos und von einfachem, schnellem Sex, der sich nicht von anderen Warengeschäften unterschied. Ich kannte nur den im kalten Klima verstohlen angebotenen Sex. Es war ein grimmiges Vergnügen, verabreicht von Huren mit scharfen Gesichtszügen und Stripclub-Anreißern mit schlechter Haut und schlechtem Atem, die Zigarettenrauch verströmten und einen auf den Straßen von Soho in London aus dem Mundwinkel ansprachen. Puerto Vallarta war eine Offenbarung, eine Botschaft der Freude, ein Ort, der abends seine Tore öffnete, dich an der Hand nahm und zu jeglichen Genüssen führte, die du dir wünschen konntest.

Alte Grenzstädtchen wie Tijuana und Playas de Rosarito hatten schon in den 1930ern – die Prohibition lieferte den Vorwand – erste Vergnügungsparks für verklemmte Gringos aus dem sexuell gezügelten Norden eingerichtet. Die Orte lagen unmittelbar an der Grenze in einer Art Niemandsland, der sogenannten *zona de tolerancia*, durch die schon immer allerlei Schmuggelgut geschleust worden war. Hier gedieh und blühte das schöne Leben mit steuerfreien Waren und sündenlosem Vergnügen, von dem die Gringos träumten, ein Leben, das weder von der Regierung noch von der Moral eingeengt war, und das zu Korruptionsgebühren, die sie sich leisten konnten.

Als ich 1970 ankam, war die Grenze jeder beliebige Ort, an dem man aus dem Flugzeug stieg, der erste Stop, nachdem man amerikanischen Boden verlassen hatte. Puerto Vallarta ahnte es vielleicht nicht, aber an dem Tag, als die ersten Touristen am nagelneuen Flughafen von Bord gingen und über die staubige, mit Schlaglöchern übersäte Straße in das Fischerdorf holperten, befand die Stadt sich bereits auf dem Weg in den Abgrund.

Die Menschen, die die Nächte von Vallarta bevölkerten, waren bleiche, androgyne Geschöpfe. Diese Nachtbewohner schliefen den ganzen Tag hindurch und bekamen die Sonne nie zu Gesicht. Sie sahen aus, als verbrächten sie ihr Leben auf dem Meeresgrund. Die Gigolos waren nicht merklich weniger feminin als einige ihrer Kundinnen, die Haarlänge besagte nichts über die Geschlechtszugehörigkeit. Männer trugen Seidenblousons mit Rüschenkragen, Frauen trugen Hemden. Beide Geschlechter favorisierten enge Tank-Tops mit viel freigelegter Haut. Alle trugen die gleichen ausgestellten Hosen mit Knöpfen an den Seiten. Meine Klamotten von Robinson's wirkten bald spießig, und ich mußte zur Schneiderin am unteren Ende der *calle* eilen, um mir das richtige Outfit für ein cooles Nachtleben bei Felipe zu besorgen. Alle Jungen und Mädchen aßen wenig und rauchten eine Menge von dem, was gerade herumgereicht wurde. Mägen schrumpften, so daß die Brustkörbe hervortraten. Brüste waren flach, an den gestreckten Körpern verschwanden die Hüften. Magerkeit war Trumpf. Der Rippen-Look war angesagt. Wenn sich die bleichen Seepferdchen, nichts als Wirbelsäule ohne Fleisch, zu ihrem Palaver versammelten und in Zeitlupe durch das Zwielicht der Unterwasserwelt von Puerto Vallarta schaukelten, konnte man das leise Klappern ihrer Knochen hören.

Das Fahrzeug, das ich zu meinen Ausflügen in die Unterseewelt bestieg, war der weiße Dünenbuggy, der in der Garage der Casa Kimberley geparkt wurde. Nimm ihn, sagte Richard mit einer wegwerfenden Handbewegung, wann immer du willst. Steve McQueen hatte nur ein Jahr zuvor in *Die Thomas Crown Affäre* ein sehr ähnliches Fahrzeug am Strand entlanggejagt, und als ich in der Dunkelheit des Hammersmith Odeon saß, ahnte ich nicht, daß ich selbst bald auf das Gaspedal eines solchen Ungetüms treten würde. Es lag flach und häßlich auf dem Boden, es knurrte entsetzlich, wenn man den Zündschlüssel drehte, ein Tier, das Schmerz litt, und es fegte heulend davon wie ein Raketenauto, mit brennenden 12-Zoll-Reifen, die jedesmal, wenn ich es aus der Garage katapultierte, einen Gummigeruch an der Straßenecke hinterließen.

Irgendwo in den Gewässern der Nacht entdeckte ich dann Enrique, der mit den weit aufgerissenen gelben Augen eines Meeresgeschöpfes dahintrieb, und ich zerrte ihn zu einer Spritztour die Küste entlang an Bord. Er war unweigerlich high. Auf mich schien Gras keinen Zauber ausüben zu können. Daß ich den Joint annahm, wo immer ich eintrat, war ein Durchgangsritual, eine Höflichkeit dem Haus gegenüber, kein Vergnügen. Wenn ich das Ungetüm durch die Kurven der Küstenstraße rasen ließ und mir der warme Nachtwind ins Gesicht wehte, war ich berauscht von meiner eigenen Ausgelassenheit. Nichts konnte mir etwas anhaben, ich trug die glänzende Rüstung der Unverletzlichkeit meiner Jugend. Das Ungetüm sprang, wir flogen von der Straße und landeten mit der richtigen Seite nach oben in den Discorestaurants am Strand, wo der Baßrhythmus im Donnern der sich brechenden Brandung unterging. Eine Reihe sanft erleuchteter Interieurs am Ufer, Häuser, in denen wir vorbeischauten und in denen immer ein Joint herumgereicht wurde, komprimierte Bilder verschränkten sich miteinander und verblaßten im grellen Licht, das die Stadt ankündigte.

Bei einem lautstarken Schaltmanöver mit Zwischengas, als ich auf der Rückfahrt an der Ecke der *calle* vorbeischrammte, brach der elegant perforierte Schaltknüppel ab, und ich konnte den Gang nicht mehr wechseln. Zum Glück hatte der Nachtwächter das Tor für das Ungetüm offengelassen, und es rollte einfach in die Garage. *Gracias*, sagte ich ein bißchen großspurig zu dem alten Mann, der mit Hut und Poncho vor dem Haus saß. Er stand auf und antwortete: *De nada*. Diese Floskeln wurden makellos wie in einem Lehrbuch ausgetauscht. Ich wünschte mir, daß Rodrigo sie hätte hören können. Der Erfolg ließ mich ein bißchen unbesonnen werden. Die Maschine ist verfault, sagte ich kühn, wobei ich mich vom ausgetretenen linguistischen Pfad ins Unbekannte stürzte. Der alte Mann reagierte nicht. *Buenas noches,* sagte ich und schloß das schmiedeeiserne Tor auf. *Buenas noches,* erwiderte er mit unermeßlicher mexikanischer Würde. Er wartete, bis ich sicher im Haus war, bevor er sich wieder an die Wand setzte und den Poncho über seine Knie zog, um sich vor der Kühle der Morgendämmerung zu schützen. Es war vier Uhr.

Beim Lunch meldete ich Richard den Schaden, der am Auto angerichtet worden war – im Passiv. Da ich Erfahrung mit vergleichbaren Situationen in der Schule hatte, versuchte ich, das Ganze so klingen zu lassen, als wäre ich nicht direkt darin verwickelt gewesen, sondern einfach nur ein Beobachter, der zufällig im Dünenbuggy saß, als sich der Schaltknüppel löste. Der fragliche Knüppel sei keine massive Stange, erklärte ich, sondern ein Stück hohlen Metalls, das wie eine in der Sonne stehende Kerze in sich zusammengefallen sei. Das war vielleicht kein guter Vergleich. Der Schaltknüppel tat was? Vielleicht war es ein Fall von Metallmüdigkeit, fügte ich hinzu, um der Sache einen mehr oder weniger technischen Anstrich zu geben. Richards Interesse war geweckt. Er ging hinunter, um sich den selbstzerstörerischen Schaltknüppel anzusehen, und fand ihn in genau dem Zustand vor, den ich beschrieben hatte. Es ist furchtbar, wieviel Schundarbeit heutzutage geleistet wird, sagte er nur und setzte hinzu: Gib Jim Bescheid, damit er es reparieren läßt.

Jim war von Anfang an dagegen gewesen, daß ich den Dünenbuggy für meine nächtlichen Ausflüge benutzte.

Er hatte Unfälle, Reparaturen, Kosten vorausgesehen. Als Richards guter Haushälter war Jim so sparsam mit dem Geld seines Arbeitgebers, wie Richard großzügig war. Er hatte eine Art, die Lippen zu schürzen, die seine Prinzipien deutlicher machte als viele Worte.

Ich bezweifelte, daß Jim mit zweiundzwanzig Jahren im Besitz eines Sportwagens gewesen, zu Partys gefahren und in betrunkenem Zustand zurückgekehrt war. Richard jedenfalls hatte es viele Male mit dem kleinen MG getan, den er immer noch liebte, und er sah keinen Grund dafür, mir nicht die gleichen Erlebnisse zu gönnen. Einen Moment lang war ich in der Lage, Richard nicht als meinen Arbeitgeber, als Alkoholiker, Filmstar oder als Mann mittleren Alters zu sehen, sondern als jemanden, den zum Vater zu haben vielleicht Spaß gemacht hätte.

In der Woche, in der der Dünenbuggy zur Reparatur war und ich meine Runde durch die Nachtclubs von Puerto Vallarta zu Fuß machen mußte, verlor ich meinen Hausschlüssel. Die Düsterkeit in Jims Miene vertiefte sich, als ich ihm von diesem neuerlichen Mißgeschick berichtete. Nicht einmal Richard konnte ein Wort zu meiner Verteidigung finden. Ich wurde zurückgeschickt, um den Schlüssel zu suchen.

Es gab drei oder vier Stellen in der Stadt, an denen ich ihn verloren haben konnte, angefangen mit Felipes Bar. Ich wollte Felipe nicht wissen lassen, daß ich meinen Hausschlüssel suchte, falls der guatemaltekische Gangster ihn fand und mißbrauchte. Statt dessen behauptete ich, mein Feuerzeug verloren zu haben, ging hinunter auf Hände und Knie und kroch suchend um den Tisch, an dem ich in der Nacht zuvor gesessen hatte. Es war eine erniedrigende Erfahrung, die ich bei Pépe, in der Lagoon und in The Golden Crab wiederholen mußte.

An all diesen Orten litt mein Ansehen. Ich lernte, wie wichtig es in Mexiko ist, seine Würde nicht aufs Spiel zu setzen. Sogar der ärmste Mensch achtete auf seine Würde, wahrscheinlich weil er nichts anderes besaß. In Mexiko gab ein Mann nicht klein bei und kroch schon gar nicht auf dem Fußboden herum. Das war eines Feuerzeugs nicht wert.

Ich sollte den Schlüssel nie finden. An allen Türen der Casa Kimberley, die mein Hauptschlüssel hatte öffnen können, wurden die Schlösser ersetzt. Es war eine teure Lektion.

Jenseits der schützenden Mauern der Casa Kimberley gab es ein anderes Mexiko, auf das ich nun einen Blick erhaschte. Das Leben in diesem anderen Mexiko hatte einen anderen Wert; davon hatte ich nichts gewußt, und ich hätte es mir nie ausmalen können. Es war brutal, kraß und mitleidlos. Und es schockierte mich.

Eines Abends begleitete ich Enriques Freundin Rosanna, die mit einem Entlassungsbefehl des Polizeichefs ausgerüstet war, zum Ortsgefängnis, wo man Enrique aus Gründen, die Rosanna und anscheinend auch er selbst nicht kannten, inhaftiert hatte. Das sei nicht ungewöhnlich, sagte sie. Von Zeit zu Zeit gebe es Razzien. Dann kämen Leute eine Zeitlang ins Gefängnis. Es sei ein Teil des normalen Lebens.

Das Gefängnis war eine fensterlose, unterirdische Grube. Ein saurer, scharfer Geruch, ein entsetzlicher Gestank nach Schweiß, Dreck, Ausscheidungen und Krankheit schien sich in die Wände eingefressen zu haben. Vom Eingang auf Straßenhöhe schaute ich hinunter durch eine Tür, die man einen halben Meter geöffnet hatte, um Luft hereinzulassen. Ich hörte schlurfende Bewegungen und unruhiges Flüstern. Schon hier am Eingang war es heiß, und unten in der Grube, wo es unter der niedrigen Decke noch heißer sein mußte, trug keiner der Männer ein Hemd. Ihre Oberkörper glänzten wie das eingeölte Fleisch von Ringkämpfern. Ich erblickte ein dichtes Gewirr von Körpern, die nie als Ganzes, einem einzigen Mann zugehörig, sondern nur in Einzelteilen zu sehen waren. Die Oberkörper und Gliedmaßen schienen miteinander zu ringen, einen Kampf in Zeitlupe zu führen, der beinahe wie eine Szene aus einem avantgardistischen Ballett wirkte.

Der diensthabende Polizist am Schalter las das Stück Papier, das Rosanna ihm gereicht hatte, und schrie dem Wärter am Eingang zu, er solle den Häftling Enrique Serra aus der Grube holen. Der Wärter riß die Tür weit auf und schrie seinerseits Enriques Namen hinunter in die Grube. Ein Wirrwarr von Körpern – wie ein Fischschwarm, der die Wasseroberfläche durchbricht – erschien in dem einfallenden Licht. Es kam zu einer Unruhe im Innern, und nach ungefähr einer Minute drängelte sich Enrique hervor. Er hatte sein Hemd verloren. Sämtliche Seitenknöpfe waren von seiner schicken Hose abgerissen worden, der Hosenboden war zerfleddert, und er mußte sie mit einer Hand festhalten. Sein Körper war schmutzverschmiert. Er sah blaß und erschöpft aus und zitterte trotz der Hitze. Mehrere Male war er in der Grube vergewaltigt worden. Seine Freundin brachte ihn nach Hause, um ihn zusammenzuflicken, und ich verabschiedete mich, als wir ihre Wohnung erreichten. Ich dachte, Enrique würde sich verkriechen und eine Weile seine Wunden lecken wollen, aber am folgenden Abend traf ich ihn auf dem Gehsteig. Äußerlich schien er kaum angeschlagen zu sein, und er zog stoned wie immer durch die Stadt.

Die Mexikaner waren stumm gegenüber dem Leid. Sie akzeptierten den Tod als Ereignis wie jedes andere. Ein Muli war am Rand der Straße zum Flughafen zusammengebrochen und an Ort und Stelle gestorben. Einen Monat später lag es immer noch dort. Elizabeth machte auf der Fahrt zum Flughafen eine Bemerkung darüber. Ein weiterer Monat verging. Die Überreste des Tieres lagen an derselben Stelle. Elizabeth bat Jim, etwas zu unternehmen. Jim bezahlte einen der Barackenbewohner dafür, hinauszugehen und den Kadaver zu begraben.

Auf dieser Straße, ein ganzes Stück jenseits des Flughafens, stieß ich auf einen Unfall, nur Sekunden nachdem er sich abgespielt hatte. Ein Lastwagen war von der Straße abgekommen und an einen Baum geprallt. Der Fahrer war hinausgeschleudert worden und lag mit zerschmettertem Schädel tot auf der Straße. Ein fleckenloser weißer Hut, dem Anschein nach fabrikneu, ruhte ein paar Meter von dem toten Mann entfernt auf dem Asphalt. Der Hut war das einzige, was unversehrt geblieben war. Ein anderer Lastwagen war umgekippt und lag mit zertrümmerter Windschutzscheibe im Graben.

Der Fahrer dieses Lastwagens war überaus lebendig. Obwohl er recht schwere Kopf- und Brustverletzungen zu haben schien, aus denen Blut strömte, marschierte er die Straße auf und ab und deckte Zuschauer, die aus einem nahe gelegenen Dorf herbeigekommen waren, mit Tiraden ein. Niemand war Zeuge des Unfalls geworden. Wie er sich auf einer langen, geraden Strecke bei guter Sicht und ohne Beteiligung eines dritten Fahrzeugs überhaupt hatte abspielen können, war unerklärlich.

Der überlebende Fahrer schien in seiner Rede an die Dorfbewohner darauf hinauszuwollen, daß der Unfall einzig und allein die Schuld des Toten gewesen sei. Er schritt hin und her und zeigte uns durch Gesten, wie der andere Lastwagen stur in der Straßenmitte geblieben war. Er habe ihm ausweichen müssen, und dabei sei die Ladefläche seines Wagens wahrscheinlich ausgeschwenkt und habe den anderen beim Vorbeifahren getroffen. Der sei von der Straße gegen den Baum geschliddert. Zwar verstand ich wenig von seinen Ausführungen, aber die Rekonstruktion der Ereignisse, die er hier für uns veranstaltete, wobei er die Rollen beider Fahrer und Lastwagen spielte, hätte nicht anschaulicher sein können.

Dann wandte er sich an den Toten. Du bist ein Dummkopf, sagte er, ein krimineller Idiot, und nun bist du tot, wie du es verdient hast. *Bueno,* setzte er nach einer Pause hinzu. Worauf sich das bezog, war unklar. Aber dann bückte er sich, um den glänzenden weißen Hut des Toten aufzuheben. Er musterte den Hut, schlug ihn sich gegen den Schenkel und setzte ihn auf.

Ungefähr eine Woche später war ich mit den Jungen im Schulzimmer, als wir draußen auf der Straße Lärm hörten. Zwei Taxis waren an der steilen Ecke der *calle* genau unterhalb des Hauses aufeinander zugefahren und standen sich Stoßstange an Stoßstange gegenüber. An dieser engen Stelle konnten Autos nicht aneinander vorbei. Beide Fahrer weigerten sich, zurückzusetzen und den anderen durchzulassen. Sie waren aus ihren Taxis gestiegen und stritten sich auf der Straße, während sich hinter ihnen in beiden Richtungen Autos stauten. Das Schauspiel, untermalt durch das betäubende Sperrfeuer von Hupen, setzte sich ungefähr eine Stunde lang fort. Der Unterricht mußte abgebrochen werden. Während die Jungen schwimmen gingen, wartete ich mit Richard auf dem Balkon ab, wie der Streit zwischen den Taxichauffeuren ausgehen würde. Wir schlossen eine Wette darüber ab, welcher Fahrer als erster bereit sein würde einzulenken.

Der Stau erstreckte sich nun eine halbe Meile weit ins Stadtzentrum. Der Polizist, der dort auf einem Podest stand und den Verkehr regelte, gelangte irgendwann zu dem Schluß, daß sich der Verkehr ungeachtet seiner Bemühungen nicht mehr lenken ließ. Es tat sich überhaupt nichts, egal wie oft der Polizist auch in seine Pfeife blies. Er verfolgte die Ursache des Staus zu der Pattsituation in der *calle* zurück. Daraufhin hörten die Taxifahrer auf, sich miteinander zu streiten, und stritten sich statt dessen mit dem Verkehrspolizisten. Berittene Polizisten wurden herbeigeordert, um das Chaos zu beseitigen, vielleicht in der Annahme, daß ein Mann auf einem Pferd mehr Respekt genießt als ein Fußgänger, zumal in Mexiko. Die Taxifahrer wurden abgeführt, zweifellos um in das Drecksloch gesperrt zu werden, in dem man den armen Enrique inhaftiert hatte. Schließlich wurde der Verkehrsknoten entwirrt. Mehrere Stunden lang war die Stadt zum Stillstand gekommen.

Nun begriff ich, wie es möglich war, daß zwei Lastwagen auf einer geraden, freien Strecke zusammenstießen. Beide Fahrer hatten die Straßenmitte für sich beansprucht. Und beide hatten sich geweigert, Platz zu machen. Der eine hatte Pech gehabt, hatte seinen fabrikneuen Hut verloren und war gestorben. Der andere hatte Glück gehabt, sich den Hut des Toten angeeignet und überlebt. Auf so klägliche Weise konnte einem in Mexiko das Leben abhanden kommen.

4

Bald kam Ostern, und Familienangehörige und Freunde aus England tauchten in der Casa Kimberley auf. Es gab keinen einzigen Besucher aus Amerika. Richard besetzte die Sonnenterrasse mit britischen Fans. Einer der ersten, die ihren Tribut entrichteten, war David Frost, begleitet von einer unbekannten Blondine, die eine Welle träger Spekulation auslöste. Frost hatte Richard und Elizabeth gerade für das Fernsehen interviewt. Damals war das »Frost-Interview« sowohl im britischen als auch im amerikanischen Fernsehen auf dem Höhepunkt seines Ruhmes. Jeder, der die geringste Prominenz für sich beanspruchen konnte, mußte sich dem Frost-Interview stellen. Frost selbst hinterließ bei seiner Stippvisite in Puerto Vallarta einen recht schwachen Eindruck. Seine Augen waren glasig, er schien überhaupt nicht anwesend zu sein. Ich fragte mich, ob er high war oder Medikamente zu sich genommen hatte. Das wäre nicht unverständlich gewesen, wenn man den Druck seines Lebens bedachte, denn er pendelte mehrere Male pro Woche über den Atlantik. Der berühmte Fernsehmoderator hatte etwas Zombiehaftes, und ihm fehlte ein klares Profil – und das ausgerechnet in der Casa Kimberley, wo alle auf ihr Profil so viel Wert legten.

Richard und Elizabeth zeigten Verständnis für Frosts Geistesabwesenheit – er war überarbeitet oder vielleicht übers Wochenende tot gewesen und erst am Montag rituell wiederbelebt worden –, aber nicht dafür, daß er ihnen nicht zuzuhören schien. Genauso habe er auch das Interview geführt. Es gefiel ihnen nicht, daß Frost, sobald sie eine Frage beantworteten und er nicht auf dem Bildschirm zu sehen war, bereits die nächste Frage vorbereitete und ihren Worten keine Aufmerksamkeit schenkte. Sie waren es nicht gewohnt, so behandelt zu werden.

Christopher und sein Bruder Michael waren Elizabeths erste Kinder mit ihrem Mann Michael Wilding. Chris wurde von einer Schule in die andere verfrachtet, manchmal mit Michael, manchmal ohne. Die Beziehung zu Michael schien die einzige zu sein, in die er Vertrauen setzte. Er vergötterte Michael. Aber sein Bruder war zwei Jahre älter, befand sich zur Zeit als Hippie auf der Überlandreise nach Indien und hatte ein idealisiertes Bild von sich hinterlassen. Zu Chris' Bedauern würde Michael nicht wie seine Halbschwester Liza, Elizabeths Tochter aus der Ehe mit Mike Todd, und seine Stiefschwester Maria, die Elizabeth und Richard adoptiert hatten, in den Osterferien in die Casa Kimberley kommen. Mogli hatte nun im Grunde Michaels Platz eingenommen.

Chris Wilding hatte eigentlich keine Familie. Seine Geschwister sah er fast nie. Seine Mutter war, wie sie war. Das ließ sich nicht ändern. Damit schien er sich sehr früh im Leben abgefunden zu haben. Nach der Scheidung und der Wiederverheiratung seines Vaters war auch von ihm nicht viel zu erwarten.

Ohne die Zuflucht bei Howard Taylors Familie auf Hawaii wäre Chris verloren gewesen. Ihn aufzunehmen war unter den Umständen das Beste, was die Familie für ihn tun konnte. Ich war nicht sicher, ob Richard und Elizabeth richtig gehandelt hatten, als sie Chris aus seinem Asyl auf Kauai herausholten. Eine anständige Schulausbildung war natürlich wünschenswert, aber in Chris' Fall schien sie mir unwesentlich. Mehr als alles andere brauchte er meiner Meinung nach ein Familienleben und das Gefühl von Zugehörigkeit.

Je besser ich Chris kennenlernte, desto bewußter wurde ich mir der Verantwortung, die ich ihm gegenüber auf mich genommen hatte. Ich würde ihn nur bis zum Jahresende unterrichten. Was würde dann aus ihm werden?

Auf jeden Fall würde er Chris Taylor verlieren und damit die maßgebliche Bezugsperson. Sie waren gleichaltrig, aber Chris Taylor erwies sich als der natürliche Anführer. Auf Kauai war Mogli zwischen den Riffen und Lagunen in seinem Element gewesen. Er war der bessere Surfer, Taucher und Schwimmer und hatte ein aufgeschlosseneres, aggressiveres Wesen. Chris Taylor wuchs als sehr athletischer Junge in einer Umgebung heran, die sportliche Kinder begünstigte. Sämtliche Fertigkeiten, die er im Leben benötigte, legte er sich auf empirischem Weg zu. Die Schule spielte dabei kaum eine Rolle.

Aber in Mexiko spielte die Schule durch meine Mitwirkung eine viel größere Rolle. Der Scheinwerfer war auf ihn gerichtet, und er mußte etwas leisten. Es gab keine Klasse, in der er sich verstecken konnte, keine freundschaftliche Kinderschar, die für Ablenkung sorgte, mit der er herumalbern und ein Bündnis gegen den Lehrer schließen konnte. Wie wir die Sache auch angingen, es ließ sich nicht leugnen, daß sich Mogli im Schulzimmer nicht wohl fühlte. Für einen Fünfzehnjährigen waren seine Lese- und Schreibkenntnisse unterentwickelt. Im direkten Vergleich mit seinem Cousin Christopher fand Chris Taylor heraus, wieviel mühsamer es für ihn war, diszipliniert zu lernen. Bisher war er seinem Cousin immer überlegen gewesen, doch nun übertraf Chris Wilding ihn auf allen Gebieten.

Um diesen direkten Vergleich zu vermeiden, der Chris Taylor entmutigen mußte, behandelte ich die Jungen, als wären sie in verschiedenen Klassen. Ich ließ sie an den entgegengesetzten Enden des Zimmers Platz nehmen, gab ihnen unterschiedliche Aufgaben und beschäftigte sie manchmal in ganz verschiedenen Fächern. Das war leicht zu arrangieren, da Christopher Prüfungen bevorstanden und Mogli nicht. Mogli mußte sich an den Gedanken gewöhnen, daß es Dinge gab, die sein Cousin besser beherrschte als er – eine Möglichkeit, die ihm bis dahin nie in den Sinn gekommen war. Er verlor einiges von seinem Selbstbewußtsein, doch Christopher unterwarf sich ihm um so nachdrücklicher, mit einem Instinkt und psychologischem Geschick, die mir geradezu weiblich vorkamen. Er begriff, daß es keinen Sinn hatte, Chris Taylor eifersüchtig zu machen. Und er konnte sich auf keinen Fall leisten, etwas zwischen sie kommen zu lassen. Ich glaube, die Freundschaft mit seinem Cousin war ihm damals wichtiger als jeder andere Mensch auf der Welt.

Christopher Wilding machte das Beste aus seiner ungewöhnlichen Konditionierung. Er hatte sehr früh im Leben lernen müssen, daß nicht er, sondern immer seine Mutter im Zentrum der Aufmerksamkeit stehen würde. Den zweiten Platz einzunehmen war für Christopher vielleicht so selbstverständlich geworden wie für seine Mutter, alle anderen aus dem Rampenlicht zu verdrängen – in jüngster Zeit, zu dessen wachsender Verärgerung, auch Richard.

Aus der Art und Weise, wie Elizabeth sich zum Beispiel auf Zehenspitzen der Tür zum Schulzimmer näherte, um zu lauschen, und es schaffte, sich bemerkbar zu machen, obwohl sie scheinbar genau das Gegenteil beabsichtigte, zog ich den Schluß, daß ihr unstillbares Bedürfnis nach Aufmerksamkeit zu den wichtigsten Bestandteilen gehörte, die die Persönlichkeit eines Stars ausmachen.

Im Gegensatz zu Richard, der dazu neigte, sich oben auf der Sonnenterrasse, im Wohnzimmer oder im unteren Haus stundenlang nicht von der Stelle zu rühren, streifte Elizabeth dauernd durch das Anwesen und blieb unablässig in Bewegung. Wo immer man sich im Haus aufhalten mochte, stets bestand die Möglichkeit, von ihr überrascht zu werden.

Nicht die geringste Überraschung war, wie sie sich kleidete. Sie zog sich viele Male am Tag um, wobei sie manchmal nur den Bikini wechselte. Eine mexikanische Schneiderin in der Stadt fertigte bauschige Kleider mit traditionellen spanischen Verzierungen an, die zu ihrem dunklen Teint paßten – Kleider, in denen sich leuchtendbunte Stoffstreifen miteinander abwechselten und die mit schwarzen oder weißen Spitzen gesäumt waren. Sie verwandelten Elizabeth in eine Gestalt, von der man sich einen Auftritt in einem Flamenco-Restaurant gewünscht hätte.

Mit einem Kleiderwechsel ging gewöhnlich ein Rollenwechsel einher. Sie trug auch mal Hosenanzüge (modischer Look) oder Kaftane (majestätischer Look). Im Haus war sie häufig in Badekleidung zu bewundern, in leuchtenden, stets einfarbigen Bikinis, die sie unter einem leichten Baumwollkleid oder einer Bluse trug, gelegentlich ohne Büstenhalter. Was immer sie trug, sie war immer auf der Bühne. Dafür hatte Elizabeth unzweifelhaft eine Begabung.

Obwohl das ständige Umziehen, für das manchmal auch Make-up, Schmuck und Frisur verändert wurden, viel Zeit beanspruchte, die sie sich ganz sich selbst widmete, hatte ich nicht den Eindruck, daß sie übermäßig eitel oder ichbezogen war. Mir schien, daß sie selbst ihre Kostümierung nicht mit allzu großem Ernst betrachtete. Es war mehr ein Spiel.

Sie hielt es für selbstverständlich, daß wir alle so interessiert an ihr waren wie sie selbst. Wenn daran Zweifel herrschte und die Sache hinreichend wichtig war, war sie in der Lage, wirklich krank zu werden. Es war eine drastische Maßnahme, aber es warf Licht auf die Pathologie des Bedürfnisses nach Aufmerksamkeit. In kritischen Zeiten ihres Lebens hatte Elizabeth es geschafft, höchst berichtenswerte Ereignisse aus einer Reihe von Krankheiten und ihrer dramatischen Genesung zu machen.

Einmal stürzte sie und zog sich eine Schnittwunde am Bein zu. Tagelang hinkte sie durchs Haus und demonstrierte große Tapferkeit. Die Wunde wurde verarztet, bandagiert und mit jedem erörtert, der bereit war, ihr mitfühlend zuzuhören. Aber eines Abends stand ich zufällig im Hinterhof und sah sie die Treppe hinaufsteigen, nachdem sie allein im Wohnzimmer gesessen hatte. In Abwesenheit von Zuschauern hinkte sie plötzlich nicht mehr.

Ich glaube, daß sie stets nach Anlässen suchte, Episoden dieser Art zu schaffen, das heißt Dramen, in die sie ihre Umgebung einbeziehen konnte. Sie inszenierte unablässig kleine Schauspiele, erfand Unglücksfälle und dramatisierte jedes Ereignis. Dazu genügte die kleinste

Kleinigkeit. Sie war eine Vollblutschauspielerin, die ihr Leben inszenierte.

Von Zeit zu Zeit brauchte sie bedeutendere Anstöße, als das ruhige Leben in der Casa Kimberley sie zu bieten hatte. Wenn sich eine Gelegenheit ergab, konnte man sich darauf verlassen, daß Elizabeth sie zum besten nutzte. Da war zum Beispiel der Tag, an dem wir Eduardo besuchten.

Einladungen von Verehrern gingen stapelweise im Postfach der Casa Kimberley ein. Es waren zu viele, und sie wurden als Ärgernis betrachtet, jedenfalls von Jim, dem sie eine Menge zusätzlicher Arbeit verursachten. Er sortierte die meisten aus und reichte ein paar an seine Arbeitgeber weiter. Gelegentlich weckte etwas oder jemand ihr Interesse. Eduardo war einer der wenigen Glücklichen, deren Einladung sie annahmen.

Von Eduardo hörte ich das erste Mal bei einer meiner Scrabblepartien mit Richard. Übrigens, es gibt da einen ziemlich seltsamen Knaben, der uns zum Lunch eingeladen hat, sagte er gutgelaunt, nachdem er das Wort ZEALOT (Eiferer) auf einem Dreifachwert plaziert hatte. Bezeichnet sich als Philanthrop oder Missionar oder so ähnlich. Jedenfalls behauptet er, gute Werke zu tun, die sich, wie man weiß, recht häufig als böse herausstellen. Anscheinend hat er eine Art Kolonie gegründet und wohnt auf einer Halbinsel mit hundert Einheimischen, die er zivilisiert haben will. Klingt spannend. Ist nur ein Stückchen weiter unten an der Küste. Ich glaube, wir sollten bei ihm vorbeischauen. Gleichzeitig könnten wir ein bißchen fischen. Meinst du nicht, daß sich die Jungen freuen würden, einen Tag schulfrei zu haben?

Jim mietete ein Fischerboot, das in einem ruhigen Dörfchen weit außerhalb von Vallarta abfahren sollte, damit wir mit einem Minimum an Wirbel zu unserer Expedition aufbrechen konnten. Neben Richard, Elizabeth, den beiden Jungen und mir gehörte auch Norma Heyman zu unserer Gruppe. Norma weilte damals als Gast in der Casa Kimberley. Sie und ihr Mann John, ein Produzent, waren alte Freunde der Burtons. Die Mannschaft mitgerechnet, wären acht oder neun Personen an Bord.

Richard chauffierte Elizabeth und Norma mit dem Dünenbuggy zu dem Dorf. Jim beförderte die Jungen und mich sowie das Gepäck in dem malvenfarbenen Jeep. Das Gepäck bestand aus zwei Kartons mit Spirituosen, einem Kasten Bier und Softdrinks, zwei Koffern mit Kleidung für den Fall, daß Elizabeth sich unterwegs umziehen mußte, zwei Schminkköfferchen, drei Hutschachteln, mehreren Lebensmittelkörben sowie Strandtaschen mit Handtüchern und Badekleidung.

Als der weiße Dünenbuggy und der malvenfarbene Jeep das Fischerdorf erreichten und unsere Gruppe sich zum Strand vorarbeitete, wobei uns örtliche Träger mit den Gepäckbergen folgten, dämmerte mir, daß Jims Plan, in aller Heimlichkeit zu verschwinden, scheitern würde. Im Dorf hatte man Wind von unserer Ankunft bekommen. Die Bewohner hatten die Arbeit eingestellt, sich einen Ruhetag gegönnt und waren erschienen, um den königlichen Besuch zu feiern. Sie hatten sich am Strand versammelt und kamen nun auf die Mole zu, um uns genauer in Augenschein zu nehmen. Hinter mir hörte ich ¡*Viva*!-Rufe, gefolgt von einer sehr spanisch klingenden Version des Namens Elizabeth. Ich schaute mich um und sah, wie sie sich für die Aufmerksamkeit der Menge mit jenem strahlenden Lächeln und dem unverfälschten Entzücken bedankte, durch die sie die Mariachis auf ihrer

Geburtstagsparty für sich gewonnen hatte. Auf dem Weg hinunter zur Mole schien sie eine Lichtschranke zu durchbrechen und damit Reaktionen der Menge auszulösen. Vielleicht gab es auch ¡*Viva-Ricardo*!-Rufe, aber ich hörte keine, wie ich mit Richard an der Spitze dahinschritt. Meine Eindrücke von diesem Gang über den Laufsteg waren verworren, doch sehr lebhaft. Ich spürte, daß das Objekt der Sehnsüchte dieser Menschen, ihrer brennenden Neugier und Leidenschaft, knapp hinter uns war und eine Spannung, eine Aufregung, geradezu eine Hitzewelle auslöste. Da ich mit Richard gleichauf war, entging es mir nicht, daß er von dem auf Elizabeth gerichteten Scheinwerfer nicht mit erfaßt wurde. Mrs. Burton stahl wie gewöhnlich allen die Show.

Richard merkte wahrscheinlich, daß er in den Schatten gestellt wurde und seinerseits Aufmerksamkeit erregen mußte. Er wandte sich zu mir und fragte verdrießlich: Wie sagt man auf spanisch: »Ist das unser Boot?« Ich erklärte es ihm. Richard trat schwungvoll wie ein Konquistador vor und sprach die Worte mit einer so gebieterischen Stimme, daß sie nicht entfernt wie eine Frage klangen, sondern wie ein unter Androhung der Todesstrafe erteilter Befehl, ihm das Schiff unverzüglich zu überlassen. Der Kapitän und sein Stellvertreter verbeugten sich in stummer Ehrfurcht, als Richard an Bord schritt. Die Menge hörte die STIMME, die vom Grund eines Brunnens zu kommen schien und noch dazu Spanisch sprach, und war offensichtlich beeindruckt. Richard hatte sich die gewünschte Aufmerksamkeit gesichert.

Als ob das Boot für jemand anderen hätte sein können! Wir waren durch Reihen von hundert Zuschauern geschleust worden, die sehen wollten, wie wir an Bord gingen. Denn dies hatte nichts mit Touristen zu tun, die in ein Boot kletterten. Zwei Filmstars waren am Set in einer Atmosphäre, die nie etwas anderes sein konnte als *muy emocional*. Diese Einschiffungsszene mußte schauspielerisch dargestellt werden, und Richard hatte mich spontan zum stellvertretenden Drehbuchautor ernannt, weil er einen zur Handlung passenden Text brauchte.

Richard war übler Laune. Sobald wir an Bord waren und uns von dem Publikum am Strand entfernt hatten, griff er nach dem Spirituosenkarton und goß sich die erste Bloody Mary der Fahrt ein, während wir übrigen in die Geheimnisse des Tiefseefischens eingeweiht wurden. Nach den Requisiten zu urteilen, die man für uns bereithielt – die Rollen mit Hunderten von Metern Schnur, riesige Haken und Köderstücke von der Größe einer Katze, gar nicht zu reden von den strapazierfähigen Stühlen, auf denen wir angeschnallt werden mußten –, standen Fänge von zehn Zentnern schweren Schwertfischen auf der Tagesordnung. Elizabeth ließ sich mit ihrem üblichen Professionalismus ganz auf die Sache ein, schnallte sich an und packte ihre Rute mit offenkundiger Vorfreude. Der dritte Mann auf dem Schiff neben dem Kapitän und seinem Ersten Offizier, dessen Verbindlichkeit, gediegene Kleidung und dunkle Sonnenbrille mich weniger an einen Fischer als an einen getarnten Agenten der mexikanischen Regierung denken ließen, behielt Elizabeth wachsam im Auge für den Fall, daß sie Hilfe benötigte.

Doch Richard blickte finster aufs Meer hinaus, als belegte er es mit einem Fluch, und wieviel Wasser das Schiff auch durchpflügte, es wollte kein Fisch daraus auftauchen. Eine halbe Stunde lang still auf einem Stuhl zu sitzen, wenn auch zum Tiefseefischen, genügte Elizabeth völlig, und bald war sie bereit für ein empfänglicheres Publikum, als die Fische es gewesen waren. Ein Fototermin war angesagt. Ich hatte meine Kamera mitgebracht oder, genauer gesagt, mir die viel bessere Nikon F geborgt, die Chris zum Geburtstag bekommen hatte.

Jim Benton hatte mir in seinem Motivationsgespräch kurz nach meiner Ankunft zu verstehen gegeben, daß das Fotografieren in der Casa Kimberley genauso unerwünscht sei wie die Einladung von Fremden. Damals war gerade etwas vorgefallen, das Jims Argumentation untermauert hatte. In der Stadt waren Paparazzi gesichtet worden, die Teleskopobjektive von einem Meter Länge schwenkten. Sie kletterten die Hügel hinter der Casa Kimberley hinauf, um zu erkunden, ob sie von dort aus Bilder machen konnten. Das war der Fall. In einer Zeitung erschien eine etwas verschwommene Aufnahme von Elizabeth auf der Sonnenterrasse des unteren Hauses. Jim sah das Bild zufällig und verwendete zusammen mit dem Hausdiener Cajo einen Vormittag darauf, Holzstangen an die Brüstung um den Swimmingpool zu binden und zwischen ihnen Stoffballen zu entrollen. Diese Abschirmung sollte die Kameras von Teleskop-Voyeuren oben in den Hügeln unschädlich machen. Die in Banner eingehüllte Terrasse, die aus dieser Episode hervorging, sah interessant, geradezu mysteriös aus. Was war unter der Hülle? Man hätte an eine unbekannte frühe mexikanische Periode des Verpackungskünstlers Cristo denken können.

Unbemerkt fotografiert zu werden war Elizabeths und Richards Alptraum. Er erzählte mir Horrorgeschichten über Filmstars, die er kannte und die heimlich in unbekleidetem Zustand fotografiert worden waren: Sofia Loren irgendwo unter der Dusche, Ava Gardner, die hüllenlos an einem Privatstrand badete. Nicht die Nacktheit sei diesen Frauen ein Ärgernis, sondern das gewalttätige

Eindringen der Kamera in ihre Privatsphäre und ihre Hilflosigkeit – eine Verbindung aus Einbruch und Vergewaltigung, wie Richard es drastisch ausdrückte.

Außer ein paar Schnappschüssen von den Kindern machte ich keine Bilder von den Menschen im Haus. Nur an Elizabeths Geburtstag fand Richard sich auf einem Foto wieder, wie er an die Bar ging, um sich einen Drink zu mixen. Das war die einzige Ausnahme. Alle Bilder, die ich von Elizabeth machte, insgesamt nicht mehr als zwei Dutzend, entstanden außerhalb des Hauses. Ich hätte gern mehr Fotos geknipst und hätte um Erlaubnis bitten können, aber ich wollte mich nicht aufdrängen. Dabei blieb ich auch, nachdem ich erfahren hatte, daß es Elizabeth Spaß machte, sich fotografieren zu lassen – nicht allzu überraschend für eine Frau, die nur zu gern im Mittelpunkt stand und sich dieses Bedürfnis als eine der am häufigsten abgelichteten Personen des Jahrhunderts erfüllt hatte.

Richard erklärte mir nicht ausdrücklich, daß er nicht fotografiert werden wolle, aber das war der Eindruck, den ich erhielt. Ich hätte ihn gern aufgenommen, wie er über dem Scrabblebrett brütete, ein Blatt Papier aus seiner Schreibmaschine riß, für einen kniffligen Stoß auf dem Pooltisch lag und wie er die Hände von Touristen packte, die ihm durch das schmiedeeiserne Tor entgegengestreckt wurden. Aber ich mußte mich damit zufriedengeben, diese Bilder meinem Gedächtnis einzuprägen. Während Elizabeths Körper und ihre Lebensfreude hinreichende Gründe lieferten, um sie fotografieren zu wollen, war Richard gerade wegen seiner Unberechenbarkeit und seiner Launen ein interessantes Motiv, wegen der inneren Dramatik eines Mannes, den ich mit Hamlet sagen hörte: »Was über allen Schein, trag' ich in mir.«

Das, was über allen Schein hinausging, stellte den Fotografen vor eine Herausforderung: Elizabeth ließ sich ganz natürlich fotografieren, weil nichts an ihr verborgen blieb. Man bekam, was man sah. Bei Richard hingegen bekam man, was man nicht sah. Das war der Unterschied zwischen ihnen als Schauspieler und als Menschen.

Eine Fotoserie der Stimmungen von Richard Burton hätte ihn zum Beispiel gezeigt, wie er finster aufs Meer blickte, um die Fische vom Anbeißen abzubringen. An einem guten Tag wäre er als Richard Burton der Regenmacher erschienen: wohlgesinnt, weise, beredsam in seiner Fürbitte bei den Göttern; und an einem schlechten Tag wäre er ein böser Schamane gewesen, der uns, unsere Ernten, unsere Fische, unsere Kinder und Kindeskinder für viele Generationen mit seinem Fluch belegte.

Unterdessen alberte Elizabeth mit Norma herum, vergnügte sich damit, sich als Femme fatale für die Kamera zu parodieren, die ich auf sie gerichtet hatte, richtete die Kamera auf mich, blödelte mit ihrem Neffen und flirtete aus nächster Nähe mit dem Geheimagenten, der nicht wußte, wohin er die Augen wenden sollte. Nur Christopher wirkte nicht ganz unbeschwert. Das war, wie ich bemerkt hatte, oft der Fall, wenn seine Mutter Männer um sich hatte, die sie mit Beschlag belegte. Er ging zum Bug des Bootes und teilte dort sein Schweigen mit Richard. Christopher und sein Stiefvater hatten einander nie viel zu sagen. Die beiden hätten eine lange Seereise hindurch den Mund halten können. Wenn es darauf ankam, ein Schweigen nicht zu brechen, waren beide rekordverdächtig.

Zwei Stunden lang tuckerten wir durch die von Fischen wimmelnden Küstengewässer und fingen keinen einzigen. Ein Gefühl der Verwirrung und Frustration lag über dem Schiff und breitete sich wie Skorbut unter den Personen an Bord aus. Der Kapitän des Fischerbootes wirkte verlegen, und der Geheimagent entschuldigte sich sogar für den Mangel an Fischen. Ich heiterte Richard mit einer Anekdote über Königin Viktoria und deren Angelausflug zu einem See auf. In jenen Tagen, sagte ich, hätten die Organisatoren solcher Veranstaltungen nichts dem Zufall überlassen. Froschmänner seien diskret in den See geschickt worden, um Fische an die Haken der königlichen Hoheiten zu hängen, wenn die Tiere nicht freiwillig anbissen. Aus heiterem Himmel bot Richard eine unterhaltsame Parodie auf Disraeli dar und zitierte aus einem seiner Romane. In jenen Tagen hätte ein Premierminister, wie er hinzusetzte, das Anhaken von Fischen an königliche Angelschnüre zu einem Teil seines Aufgabenbereichs gemacht. Wir spekulierten darüber, wie Disraeli Parlamentsmittel beschlagnahmt und ein Sekretariat mit zahlreichen Mitarbeitern ausschließlich zu diesem Zweck beschäftigt haben könnte. Unsere Stimmung hob sich.

Nun rückten Gebäude am Ufer ins Blickfeld. Wir sahen Mauern, herrliche Bougainvilleensträucher, Leute, die Rasen mähten und Blumenbeete zurechtschnitten, begradigten und pflegten, und einen Gentleman, der Rosen beschnitt und einen Strohhut trug. Er schien all diese überraschenden Tätigkeiten zu koordinieren. Das war Eduardo, und hier war sein Reich – ohne einen Nachbarn in einem Umkreis von fünfzig Meilen, ein Trugbild, ein Rosengarten, der, als wäre er in Kent, lieblich an diesem trockenen mexikanischen Ufer blühte. Der Anblick veranlaßte Richard, eine Passage aus einer der *Canterbury-Erzählungen* zu zitieren: über einen Garten, der durch Zauber im Winter blüht.

Unser Gastgeber kam an die Mole, um uns zu begrüßen. Sobald er seinen Hut abnahm und den Mund öffnete, änderte sich meine Wahrnehmung: Verschwunden war der wohlwollende alte Gärtner aus Kent, und an seiner Stelle stand ein Mann mittleren Alters, der Heeresoffizier hätte sein können. Seine Stimme hatte ein geschäftsmäßiges amerikanisches Näseln. Die Haltung seines Kiefers zeigte Entschlossenheit. Es schien ihn nicht im geringsten zu beeindrucken, daß Elizabeth Taylor und Richard Burton vorbeigekommen waren, um mit ihm zu Mittag zu essen. Es war nur eine weitere Gruppe von Pilgern, denen die Werke des mächtigen Eduardo Spinks gezeigt werden mußten.

Als er sagte, daß wir uns vor dem Essen vielleicht den Garten ansehen sollten, war klar, daß er keinen Widerspruch dulden würde. Eduardo zeigte auf die von Gestrüpp bedeckte Landschaft jenseits seiner Oase. Vor zehn Jahren habe der Boden, auf dem wir standen, genauso ausgesehen, aber dann habe er, Eduardo, ihn der Wildnis entrissen und kultiviert. Der Wildnis entrissen. Ich wurde an die fertilen Felder erinnert und dachte: Wieder eine Wendung, an der man die STIMME ausprobieren könnte. Elizabeth schaute bewundernd von der Wildnis zum kultivierten Land. Sie konnte, wenn nötig, vor Bewunderung – und für alle sichtbar – glühen. Es war einer der Gründe ihrer Beliebtheit. Wer so angeglüht wurde, fühlte sich gut. Aber bei Eduardo Spinks blieb die Wirkung aus. Er erging sich bereits detailliert über Unkrautvernichtung, Niederschlag pro Quadratzoll und die Notwendigkeit zusätzlicher Bewässerungsmaßnahmen, über die Pferdestärke der Pumpen, die Länge der Schläuche und die Einheimischen, die für ihn arbeiteten. Er nannte sie das Menschenmaterial.

Das Menschenmaterial hier sei in seinem Rohzustand schlecht, sagte Eduardo, aber dank großer Geduld und Mühe habe er es verbessern können. Die mexikanischen Indios, die wir auf seinem Gut arbeiten sähen, kämen aus einem Dorf im Inland, das sie wegen chronischer Dürre hätten verlassen müssen. Er sei lediglich ein Missionar gewesen, der damals in der Gegend zu tun gehabt hatte. Er habe die von der Dürre geschlagenen Indios zu seiner Mission gemacht, diese zwei oder drei Quadratmeilen an der Küste gekauft und sie mit Gottes Hilfe in einen Garten verwandelt. Artesische Brunnen lieferten das Wasser. Es wurden Ziegen, Schweine und Geflügel gezüchtet, Gemüse angebaut und Fische gefangen. Außerdem hatte man eine Kirche und eine Fabrik gebaut. In der Fabrik produzierten die Indios Textilien und Lederwaren, die verkauft wurden, um Güter zu erwerben, die sie nicht selbst herstellen konnten. Eduardo Spinks war stolz darauf, sagen zu können, daß man in seiner Kolonie niemandem etwas schulde und ein autarkes Leben führe.

Eines der Güter, das man leicht selbst hätte herstellen können, war ein Katapult, allerdings keines von der Art, wie wir es an Eduardos Hals hängen sahen. Es hatte meine und anscheinend auch Richards Neugier geweckt. Sobald eine Pause in Eduardos Wortfluß es zuließ, fragte Richard, ob er sich das Katapult anschauen dürfe, und wir musterten es gemeinsam. Es hatte eine massive Stahlgabel, auf deren Griff der Markenname Senior Champion gedruckt war, und einen Gummiriemen mit offensichtlich phänomenaler Spannkraft. Eduardo schwor darauf. Kein anderes Katapult der Welt könne sich nach Reichweite, Stärke und Genauigkeit mit dem von Senior Champion messen, sagte er. Wann immer er sich in Los Angeles aufhalte, kaufe er einen Vorrat Katapulte ein und versorge sich auch mit Munition. Munition? Eduardo kramte in seiner Tasche und hielt uns auf der Handfläche ein paar Stahlkugeln zur Begutachtung hin. Wir gaben sie auch an die anderen weiter. Es kam zu einem etwas unbehaglichen Schweigen, bevor Richard die Frage stellte, die uns allen auf der Zunge lag. Worauf schoß Señor Eduardo mit dem Katapult von Senior Champion? Auf Ungeziefer, erwiderte Eduardo rasch. Wollen wir zum Mittagessen hineingehen?

Beim Essen brachte Eduardo unablässig Lobsprüche auf sich selbst und seine Taten aus. Tablett um Tablett mit köstlichen Meeresfrüchten wurde ins Innere des kühlen, luxuriös eingerichteten Hauses getragen. Wir waren überwältigt oder vielleicht sogar eingeschüchtert von Eduardos Gastfreundschaft. Es gab so viele Speisen, daß ich zu vermuten begann, er wolle uns gar nicht bewirten, sondern uns durch seine Macht verängstigen, so wie es Anthropologen über Potentaten in Polynesien geschrieben hatten, wo in politischen Krisenzeiten Bankette als Kriegsersatz veranstaltet wurden. Unerbittlich kamen seine Servierplatten auf uns nieder und zermalmten jeden Widerstand. Wir waren erschöpft, bevor wir auch nur die Vorspeisen beendet hatten.

Den Vorschlag, nach dem Essen die Fabrik und die Kirche zu besichtigen, lehnten Richard und Elizabeth ab. Sie hätten schon so viel Neues aufgenommen. Es gebe hier eine Menge Stoff zum Nachdenken. Man werde eine Weile brauchen, um alles zu verdauen.

Auf unserem Rückweg zum Boot spazierten wir über die wunderbar gepflegten Rasen, die wir bei unserer Ankunft gesehen hatten. Zwei Gärtner knieten im Schatten und jäteten Unkraut. Beide hatten ihr Hemd ausgezogen. Richard stupste mich an, als wir an ihnen vorbeigingen.

Schau dir die Male auf ihrem Rücken an, meinte er, und sag mir, ob du das gleiche siehst wie ich. Ich sah genauer hin. Jemand schien aus der Nähe auf die beiden geschossen zu haben. Der Rücken beider Männer war von kleinen Löchern durchfurcht. Ich glaube, die würden da reinpassen, sagte Richard. Jetzt wissen wir also Bescheid, oder? Grinsend hielt er eine Stahlkugel hoch, ein Muster der Munition, die Eduardo zur Benutzung mit dem Senior-Champion-Katapult empfohlen hatte.

Dieses Intermezzo heiterte Richard auf. Nachdem er am Morgen niedergedrückt gewesen war und beim Mittagessen hatte schweigen müssen, weil unser Gastgeber das Gespräch monopolisierte, hatte er nun Lust, sich zu unterhalten. Auf der Heimfahrt feuerte er eine Film- oder Theateranekdote nach der anderen auf mich ab.

Eine handelte von Marlon Brando, wie er sich selbst Griechisch beibrachte. Eine andere von John Gielgud, der einen so schlechten Atem hatte, daß die Hauptdarstellerin in Ohnmacht fiel, als er sich anschickte, sie zu küssen. Eine dritte handelte davon, wie der elegante James Mason, den sowohl Richard als auch Elizabeth sehr schätzten, in einem afrikanischen Bordell mit einer Hure ins Bett sprang, durch den Fußboden krachte und im Zimmer darunter neben Orson Welles in einem Bett landete. Welles zu Mason: In solchen Fällen weiß ich immer, daß es Zeit wird, auf mein Gewicht aufzupassen. Während Richard redete, tuckerte das Boot am abschüssigen Ausläufer einer von Hütten bedeckten Halbinsel entlang. Es war ein Dorf, das man 1964 für die Verfilmung von *Die Nacht des Leguans* gebaut und seitdem nie wieder benutzt hatte.

Der Anblick des Filmdorfs ließ Richard in Erinnerungen über Puerto Vallarta in der guten alten Zeit schwelgen – in einer Zeit, als er abends von Bar zu Bar ziehen konnte, ohne von Fans belästigt zu werden. Ich fragte, wo auf der Erde, wenn nicht in diesem mexikanischen Städtchen, er irgendeine Möglichkeit finden würde, ein gemütliches Glas zu trinken.

Das, sagte Richard, sei überall in den Warschauer-Pakt-Staaten noch möglich (er hatte eine Reihe von Kriegs- und Kalter-Kriegs-Filmen gedreht und legte Wert auf die korrekten Bezeichnungen – Euphemismen wie »hinter dem Eisernen Vorhang« oder »Osteuropa« hielt er für unpassend). Jedenfalls hatte er in einem der Warschauer-Pakt-Staaten Dreharbeiten gehabt und vor einem Restaurant in einer Schlange warten müssen. Seine Filme waren in diesen Ländern offenbar nicht zugelassen, und deshalb hatte niemand sie gesehen. Richard schüttelte den Kopf und sagte: Ob du's glaubst oder nicht, *die Leute haben mich nicht erkannt.*

Da ich seinen Ernst unterschätzte, meinte ich flapsig, dies seien vielleicht genau die Länder, die Elizabeth und er im Urlaub besuchen sollten, um wiederzuentdecken, wie gewöhnliche Menschen lebten. Ich ließ mich geradezu fortreißen von der Vorstellung eines Reisebüros der Warschauer-Pakt-Staaten für Wirkliches Leben, das Hollywood-Stars den idealen Erholungsurlaub bieten würde. Sie könnten in die Flitterwochen reisen und sich einbilden, genau wie jeder andere zu sein, gemeinsam in Schlangen warten, ins Kino gehen und Händchen halten, mit dem Bus fahren, Borschtsch in der Arbeiterkantine essen und hinterher das Geschirr abwaschen.

Wäre das zur Abwechslung etwa kein großer Spaß? Sei Richard nicht sehr erleichtert darüber gewesen, von niemandem erkannt zu werden und sich der Last des Ruhmes für eine Weile zu entziehen?

Nein, sagte Richard. Es war fürchterlich.

Seine Antwort überraschte mich. Ihre Ehrlichkeit, ja ihre völlige Ungeschminktheit schien mir einen wahrhaften Einblick nicht nur in die Denkweise Richard Burtons, sondern auch in die jedes anderen Menschen zu verschaffen, der »in Ermangelung eines besseren Wortes als Star bekannt ist«. Inzwischen konnte ich mir viel besser vorstellen, was das in der Praxis bedeutete.

Berühmt zu sein hieß, von Fremden erkannt zu werden. Mehr noch, als berühmter Mensch lebtest du in einer Welt, in der es keine Fremden mehr gab, denn alle kannten dich, selbst wenn du sie nie gesehen hattest. Um in der Filmwelt echten Ruhm zu erlangen, mußte man Schauspieler sein. Nicht einmal großen Regisseuren war wahrhafter Ruhm vergönnt, weil die meisten Menschen nicht wußten, wie sie aussahen, und sie nicht erkennen würden. Warum möchtest du Regisseur werden, fragte Richard mich einmal, als ich ihm erzählte, was ich tat und was ich hoffte, am Theater zu erreichen. Niemand erkennt einen Regisseur, wenn er auf der Straße vorbeigeht. Drehbuchautor? Noch schlimmer. Niemand hat je von dem Drehbuchautor gehört, geschweige denn ihn gesehen.

Dies waren meiner Ansicht nach primitive Vorstellungen für einen Mann mit Richards intellektuellen Ansprüchen, aber das behielt ich für mich. Ich erklärte ihm einfach, daß die Garantie, von Fremden auf der Straße erkannt zu werden, für mich kein Grund wäre, eine bestimmte Karriere statt einer anderen einzuschlagen. Im Gegenteil, ich würde mit Sicherheit einen Beruf vorziehen, der *nicht* zur Folge habe, daß ich von Fremden auf der Straße erkannt würde.

Warum nicht, beharrte Richard, was hast du zu verbergen? Oder hätte ich etwa nichts vorzuweisen? Wie ehrlich sei ich mir selbst gegenüber? Gab es nicht die gleiche Art Snobismus dem Ruhm wie dem Geld gegenüber? War es letzten Endes nicht einfach nur Mißgunst, daß Menschen, die nicht berühmt waren, behaupteten, es gar nicht sein zu wollen, obwohl sie insgeheim davon träumten?

Zwei Monate zuvor hätte ich das für Unsinn gehalten. Mein Gefühl der moralischen Überlegenheit war so fest gefügt, daß ich mir seiner überhaupt nicht bewußt war. Vielleicht würde ich nichts gegen Ruhm einwenden, wenn er sich einstellte, aber ich benötigte ihn auf keinen Fall. Das Bedürfnis, berühmt zu sein, war typisch für Menschen, denen es an Selbstbewußtsein fehlte (hätte ich gesagt, wäre ich gefragt worden). Ich war überzeugt, daß ich mit dem, was ich hatte, zufrieden sein konnte.

Aber in den Wochen, seit ich auf den fliegenden Teppich gestiegen und am Flughafen von Los Angeles gelandet war, hatte ich erlebt, was das Zweitbeste nach dem Berühmtsein war. Man könnte es als Kollateralruhm bezeichnen, der Ruhm, der daraus entstand, mit Berühmtheiten in Verbindung zu stehen, und es ließ sich nicht leugnen, daß es eine angenehme Erfahrung gewesen war. Ich hatte mich in keiner Weise zu kompromittieren brauchen – etwa, indem ich einen Schundroman schrieb oder in einem schlechten Film auftrat – und konnte meinen Standpunkt moralischer Überlegenheit beibehalten, während ich gleichzeitig das vom Kollateralruhm ausgehende sinnliche Glühen genoß.

Vielleicht würde das Glühen schwächer werden wie alles, an das man sich gewöhnt, aber meine erste Erfahrung gab mir die Illusion, etwas Besonderes zu sein. Alles, was mit mir zu tun hatte, war nun irgendwie von Bedeutung. *Ich wurde begehrenswert.* Reiche Leute luden mich zu

Kreuzfahrten auf ihrer Jacht ein, man bot mir interessante Arbeit an, Frauen wollten mit mir schlafen. Egal, wo ich auftauchte, ich wußte, daß jeder ohne Ausnahme – wie rasch ich zynisch wurde – mit mir Bekanntschaft schließen wollte, und zwar wegen des Kollateralruhms, den ich durch meine Verbindung mit Burton und Taylor erworben hatte.

Moralisch gesehen war dies ein schändliches Eingeständnis, aber so war es nun mal. Ich konnte Gunst erweisen und meinerseits Gunstbeweise beanspruchen. Ich fand mich eingebunden in ein System von Ruhmdividenden, die sich mit zunehmendem Abstand von der Quelle des Ruhms proportional verringerten. Andere zogen bescheidenen Ruhm aus ihrer Bekanntschaft mit mir, noch andere aus dem Kontakt zu denen, die mich kannten, und so weiter. Ich erhaschte einen Blick auf jene schöne neue Welt, in der es keine Fremden mehr gab, in der dich jeder kennen wollte, jeder dich mochte und dein guter Freund war.

5

Immer wenn ich in Felipes Bar vorbeischaute und mir einen Joint mit Rodrigo Chávez teilte, wiederholte der Arzt seine Einladung, ein Wochenende mit ihm in Yelapa zu verbringen. Es sei der schönste Ort, den er auf der Welt kenne. Dort würde ich die innere Ruhe finden, die mir zu fehlen scheine, ich könnte mich entspannen und an den Träumen teilhaben, die von den in der Natur reichlich bereitgehaltenen halluzinogenen Substanzen freigesetzt würden. Der Arzt hatte eine Abhandlung über das Thema geschrieben, in der er die therapeutische Nutzung dieser Substanzen propagierte. Er glaubte, mein Geist sei vielleicht zu fein ziseliert, wie er es ausdrückte, um an einer schmutzigen Stätte wie Felipes Bar auf das edle Wirken der Droge zu reagieren. Deshalb habe sie wahrscheinlich noch keinen Effekt auf mich gehabt. Zu meiner Initiation empfahl er mir die friedliche Umgebung von Yelapa, eine natürliche Zufluchtsstätte zwischen den Bergen und dem Meer. Dort würde ich ihr schließlich erliegen.

Es gab keine Straße nach Yelapa. Man konnte den Ort nur auf dem Seeweg erreichen. Angeblich verließ je nach Nachfrage, ein Boot ein- oder zweimal am Tag Puerto Vallarta, um die zweistündige Fahrt an der Küste entlang zurückzulegen. Als wir ans Meer kamen, war kein Boot zu entdecken. Rodrigo weckte einen Mann durch einen leichten Stoß, und der machte sich auf die Suche. Kurz darauf kam er in einem Kanu zurück und forderte uns auf einzusteigen. Eine rauhe See mit einer starken Kabbelung machte das Schwimmen an der Küste vor Vallarta gefährlich. Auch in das Kanu zu klettern war nicht leicht. Alles, was wir bei uns hatten, war sofort von Wasser durchtränkt. Der Mann paddelte uns durch die Brandung zu einem dahinter ankernden Motorboot. Da die regulären Fahrten aus irgendeinem Grund nicht stattfanden, mußten wir ein Boot chartern. Wir waren die einzigen Passagiere. Ich erlebte nie, daß der Arzt in Puerto Vallarta irgend etwas bezahlte. Die Dankbarkeit für seine Heilkräfte reichte als Zahlungsmittel. Dafür machten sich die Leute zu seiner Praxis mit dem Blick auf die Hühner und Ziegen auf, wenn sie ihrerseits etwas von ihm wollten.

Auf der ganzen Fahrt sahen wir bewaldete Hügel mit dichter Vegetation vorbeitreiben. Vereinzelte Häuser hier und dort, umgeben von blühenden Sträuchern, waren die einzigen Farbspritzer auf der Decke aus dunklem Grün. Eine Reihe von Inseln erhob sich in Küstennähe wie scharfe Zähne aus dem Wasser. Auf ihnen hausten Kolonien märchenhafter Vögel mit langen Schnäbeln und riesigen Flügeln. Nach zwei Stunden an dieser gleichbleibenden Landschaft glitten wir in eine tiefe, schmale Bucht mit einem anmutig geschwungenen Strand. Hütten mit Palmendächern waren in die Hügel um die Bucht gesprenkelt. Während der Trockenzeit wurde eine Sandbank sichtbar, die sich über den Eingang der Bucht erstreckte und das eingeschlossene Meer an der Landseite in eine Lagune verwandelte. Bis zum Ende des Winters war sie fast ausgetrocknet. Die Sandbank bildete einen natürlichen Damm, auf dem die Bewohner von Yelapa die Bucht von einer Seite zur anderen überqueren konnten, so daß sie nicht wie in der Regenzeit um das gesamte Ufer herumgehen mußten.

Wir wurden mit einem Einbaum an Land gebracht. Bill, ein amerikanischer Freund des Arztes, empfing uns. Wir folgten ihm einen Pfad hinauf, der zickzackförmig vom Meer in die Hügel führte. Passionsblumen, Bougainvilleen, Hibiskus und Pflanzen mit Blättern, die so groß wie Hängematten waren, drängten sich am Pfad. Schwärme leuchtendblauer Schmetterlinge, die sich in der Sonne niedergelassen hatten, flogen ständig unter unseren Füßen auf. In mir rührte sich ein Gefühl der Vertrautheit mit dieser Welt. Es war wunderbar, von einer üppigen Vegetation der Art umgeben zu sein, die ich seit meiner Kindheit in den Tropen nicht mehr gesehen hatte. Meine Ankunft in Yelapa war also von einem unerwarteten Gefühl des Nachhausekommens begleitet.

Bills Hütte war geräumig und gut ausgestattet, eine Mischung aus mexikanischen Artefakten und amerikanischen Maschinen, getrieben von der einzigen Stromquelle im Umkreis von fünfzig Meilen – Jim hatte nämlich einen eigenen Benzingenerator, wie ganz Yelapa wußte. Er hatte elektrisches Licht, eine Waschmaschine und einen Kühlschrank voller Medikamente, vornehmlich Gegenmittel für Schlangen- und Skorpiongifte. Alle Menschen in Yelapa lebten ihren Traum, sagte Rodrigo, und da Bill im wirklichen Leben keinen medizinischen Abschluß habe, sei es sein Traum gewesen, hier im Dschungel als Arzt zu wirken, ein Albert Schweitzer der mexikanischen Indios von Yelapa.

Wie Eduardo Spinks, jener andere Patriarch alten Stils, betrachtete Bill sich als unabhängig und niemandem verpflichtet. Sein Gefährte Carlo und er erzeugten ihren eigenen Strom, hatten ihren eigenen Brunnen gebohrt, aus dem sie ihr eigenes Wasser holten, züchteten ihr eigenes Geflügel und backten ihr eigenes Brot. Jungle Doc, wie man ihn in der Gegend nannte, ließ allen Bedürftigen seine medizinischen Dienste zukommen und akzeptierte als Bezahlung Arbeit, Fische, Obst oder was immer seine Patienten sich leisten konnten. Sooft Rodrigo, der wirkliche Arzt, Yelapa besuchte, hielt er seine Sprechstunde in Jungle Docs Hütte ab. Im Austausch für Bills Gastfreundschaft brachte Rodrigo ihm ein wenig praktische Medizin bei, das heißt, wie die häufigsten Beschwerden dieser Gegend zu erkennen und zu behandeln waren.

Die Nachricht von Dr. Chávez' Ankunft verbreitete sich rasch. Früh am nächsten Morgen hatte sich eine Menschenschlange vor Jungle Docs Hütte gebildet. Einige der Patienten kamen aus dem Dorf, aber die meisten waren Indios, die aus den Siedlungen im Hinterland angereist waren.

Ich begegnete ganzen Gruppen von ihnen auf dem Weg nach Yelapa, als ich dem Fluß an jenem Morgen durch den Dschungel hinauf in die Hügel folgte. Alle paar hundert Meter stieß ich auf einige Hütten im schlammigen Gelände. Frauen mit Kindern zogen zwischen diesen Siedlungen und dem Fluß hin und her, wo sie ihre Wäsche wuschen. Je höher ich hinaufstieg, desto spärlicher wurde die Vegetation. Der Fluß verengte sich zu einem Gebirgsbach. Vom Rand eines Vorsprungs aus betrachtet, wo ein Wasserfall fast zwanzig Meter in die Tiefe prasselte, schien er sich direkt ins ferne Meer zu ergießen. Ich konnte mich keines Moments meines Lebens entsinnen, an dem ich mich so frei gefühlt hatte. Hier streifte ich meine Kleidung ab, schwamm in den seichten grünen Teichen und gab mich auf den Felsen meinen Tagträumen hin, während ich mich in Gesellschaft großer, herrlich marmorierter Eidechsen, die wie Statuen in der Sonne lagen, trocknen ließ.

Bevor die ersten Paradiessucher, in der Mehrzahl Amerikaner, hier eintrafen, war Yelapa ein Fischerdorf mit nicht mehr als einem Dutzend Hütten an der Flußmündung gewesen. Die Mexikaner wohnten noch im Dorf, aber mittlerweile bestritt keiner von ihnen seinen Lebensunterhalt durch Fischfang. Es war einträglicher, für die Gemeinde der Paradiessucher zu arbeiten, die sich in den Hügeln an der Bucht niederließ. Die Mexikaner bauten die Palmenhütten für die Zugezogenen, legten Gärten an, besorgten ihnen Lebensmittel, machten die Hausarbeiten, kochten für sie und erledigten ihre Einkäufe in Puerto Vallarta.

Alleinstehende Frauen zwischen dreißig und sechzig Jahren schienen von Yelapa besonders angezogen zu werden. Viele von ihnen waren geschieden und lebten von kümmerlichen Unterhaltszahlungen. Sie hausten allein oder paarweise wie Harriet und Martha in der Hütte oben auf dem Hügel. Harriet war die Doyenne der Gemeinde, ein Überbleibsel der ersten Welle von Kolonisten, die sich ein Vierteljahrhundert zuvor in Yelapa niedergelassen hatten. Sie hatte hier eine Bewegung im Hippiestil gegründet, die den Hippies ein Jahrzehnt zuvorkam. Martha schlich im Hintergrund herum und besorgte das Haus für Harriet, eine klapprige *grande dame* von stolzer Bostoner Herkunft, die nun in Mexiko eines heiseren Todes an Zigarren und Alkohol und nicht identifizierten Krankheiten starb. Sie hatte die Stimme eines Hauptfeldwebels und ein Gesicht wie die topographische Karte einer Gebirgsregion, mit Verfärbungen, die die Höhenunterschiede ihres Lebens anzuzeigen schienen.

Knapp unterhalb von Harriet und Martha wohnte Rachel, eine hübsche Frau, die trotz ihrer blassen Haut recht mexikanisch wirkte. Sie hatte dichte Augenbrauen und üppiges schwarzes, geflochtenes Haar, in dem sie gewöhnlich einen Zweig der um ihr Haus wachsenden Bougainvilleen trug.

Rachel stieg den Hügel hinauf, um Harriet zu besuchen, und den Hügel hinunter, um Jane ihre Aufwartung zu machen, oder sie überquerte die Sandbank, um bei Jungle Doc vorzusprechen, aber sie lud nie jemanden zu sich ein. Der Sonne entzog sie sich in einer Hängematte in ihrer Laube, wie sie sagte, eine Terrasse, die an allen Seiten von Vorhängen aus rosa Bougainvilleen umgeben war. Man sah sie nie eine Mahlzeit zu sich nehmen. Das einzige, was sie im Leben brauchte, schienen Bücher zu sein. Sie sei durchaus umgänglich, wenn man ihr draußen begegne, sagte Jane, aber in den drei Jahren ihrer Bekanntschaft habe sie Rachel nichts anderes tun sehen, als in der Hängematte zu liegen und zu lesen.

Ich traf Jane zum ersten Mal, als ich am Morgen nach meiner Ankunft in Yelapa von meiner Expedition in den Dschungel zurückkehrte. Auf dem Pfad nach unten kam ich an einem Haus vorbei, in dem eine Frau saß, die mich anlächelte und mich fragte, ob ich eintreten wolle, um etwas zu trinken. Das dichte Laubwerk der Bäume schien das Haus einzuschließen, als wolle es das Dach verstärken, und der Fußboden war nur eine Fortsetzung des festgetretenen Schlamms, über den ich das Haus erreichte. Ich hatte nicht den Eindruck, ein Haus zu betreten, sondern eher einen unter freiem Himmel gebauten Unterstand. Über mir bemerkte ich Dachsparren, die Zweige der hinter dem Haus wachsenden Palmen stützten. Es mutete mich an wie ein Haus mit einem lebendigen Dach.

Mein erster gründlicher Blick auf Jane unterstrich den Eindruck, unter freiem Himmel zu sein. Sie war bekleidet und wirkte gleichzeitig nackt. Es war ein Hemd, das knapp bis zu ihren Schenkeln reichte, aber so durchsichtig war, daß sie nichts anzuhaben schien. Sie saß mit übereinandergeschlagenen Beinen auf einem großen, gemütlichen Sessel – selbst eine große, gemütliche Frau – und lächelte mich über ihr Highball-Glas hinweg an. Was möchten Sie trinken, fragte sie erneut. Coke, sagte ich, wenn Sie eine haben.

Jane rief einen Namen, der wie Selim klang, und Selim, wenn er so hieß, tauchte aus dem Innern des eigentlichen Hauses auf: ein kahl werdender Mann mit einem recht würdevollen Äußeren und einem Ausdruck ironischer Belustigung, der nie aus seinem Gesicht wich.

Haben wir Coke, fragte Jane. Selim sagte, nein, aber sie stehe auf seiner Liste der Einkäufe, die er nächste Woche in Puerto Vallarta erledigen wolle. Außer Bourbon, Rum und lauwarmem Tee gebe es nichts zu trinken.

Ich glaube, das machst du absichtlich mit mir, Selim, sagte Jane. Sie lächelte, als sie sich zu mir wandte und hinzufügte: Er möchte nämlich herausfinden, wie weit er bei mir gehen kann. Dann stand sie auf, um selbst nachzusehen, ob Coke da war. Sie ging in dem einzigen Zimmer des Hauses herum und spähte in Schränke unter dem Tresen, der anstelle einer Wand durch den ganzen Raum führte. Als sie sich nach vorne beugte, präsentierte sie ihr nacktes Gesäß zur Begutachtung, und ich bemerkte, daß auf Selims Gesicht, der direkt hinter ihr stand, ein Hauch von Unmut durch den Ausdruck der Belustigung drang.

Du hast recht, sagte Jane, und bedachte ihn mit ihrem zufriedenen, trägen Lächeln. Aber ich konnte erkennen, daß sie verärgert über ihn war. Selim erwiderte ihren Blick mit einer Miene, die gemischte Gefühle anzeigte: Frechheit, Belustigung, vielleicht sogar etwas wie Zuneigung, doch vor allem Erbitterung, jenen unausgesprochenen Unmut, den ich schon vorher bemerkt hatte. Immer wenn Selim den Mund öffnete, um mit Jane zu sprechen, erwartete ich, er werde ihr kündigen.

Immer noch geheimnisvoll vor sich hin lächelnd, ging Jane in ihrem durchsichtigen Hemd hin und her und sprach mit Selim über die Dinge, die er beim letzten Mal vergessen hatte, und über die neuen, die er der Einkaufsliste hinzufügen sollte. Ihre Stimme war eine Fortsetzung des Lächelns, langsam und zufrieden, und der leise Südstaatenakzent hatte einen Anflug von Spott. Selim nahm Anstoß an der erweiterten Einkaufsliste, doch in Wirklichkeit schien er Anstoß an der ungehörig entblößten Jane zu nehmen. Da Jane, vertieft in eine jener gewundenen Auseinandersetzungen mit Selim, die ihrem Leben offenbar einen Inhalt gaben, mein Getränk völlig vergessen hatte, sagte ich, daß ich meinen Weg zu Pierre fortsetzen und später noch einmal bei ihr vorbeischauen würde. Jane erinnerte mich daran, daß ich wie alle anderen nach Sonnenuntergang zu einem Cocktail bei Harriet eingeladen sei.

Rodrigo mußte der Gemeinde von Yelapa in allen Einzelheiten von der Casa Kimberley erzählt haben, also auch von dem neuen Privatlehrer, der sich dem Haushalt angeschlossen hatte. Ich brauchte mich niemandem vorzustellen – das war die Wirkung des Kollateralruhms. Alle wußten über mich Bescheid. Dr. Chávez hatte sich für mich verbürgt. Vielleicht war dies die Erklärung dafür, daß Jane in ihrem fröhlich unbekleideten Zustand keine Bedenken gehabt hatte, einen Fremden vom Wegesrand zu einem Getränk hereinzubitten. Und es erklärte auch, warum ich auf meinem Weg durchs Dorf zu dem Franzosen, der mich kennenlernen wollte, von einem Mann, den ich nie im Leben gesehen hatte, mit meinem Namen begrüßt und auf deutsch angesprochen wurde.

Er trug einen weißen Baumwollanzug und einen Panamahut und hatte sich ein Offiziersstöckchen unter den Arm geklemmt. Sein Name war Helmut. Jeden Abend zwischen fünf und sechs Uhr machte Helmut seinen Gesundheitsspaziergang – eine Stunde lang, nicht mehr und nicht weniger – hin und her über die Lichtung und ums Dorf herum. Außer Jungle Doc war er der einzige in Yelapa, der Ereignisse nicht durch den Lauf der Sonne, sondern durch die Uhrzeit bestimmte. Vielleicht waren beide Männer aus diesem Grund ein wenig unbeliebt. Helmut war auch der einzige hier, den ich je von der Zukunft oder der Vergangenheit sprechen hörte. Für Paradiessucher, die in einer ewigen Gegenwart lebten – wie Richard und Elizabeth in ihrer Zuflucht in der Casa Kimberley, wo es, wie mir aufgefallen war, ebenfalls keine Uhren gab –, existierte die Zeit nicht.

Ich schloß mich Helmut auf seinem Spaziergang an, und während der halben Stunde, die wir für den Hin- und Rückweg über die Lichtung brauchten, erzählte er mir seine Lebensgeschichte. Er erwähnte seinen Familiennamen nicht, und ich fragte ihn nicht danach.

Helmut war vor dem Krieg aus Deutschland nach Amerika übersiedelt, danach in der Armee geblieben, zum Hauptmann aufgestiegen und hatte sich vor einigen Jahren, als er Mitte Fünfzig war, frühzeitig pensionieren lassen. Der frühe Ruhestand mit einer Armeepension sei in Mexiko viel leichter zu finanzieren als in Amerika, sagte er. Er traf in Puerto Vallarta ein, bevor die Preise durch die ersten Charterflüge in die Höhe getrieben wurden, lernte Manuela in Felipes Bar kennen, mietete sich ein Zimmer über dem chinesischen Restaurant nebenan und blieb dort.

Helmut hatte Anlaß zu bezweifeln, daß Manuela Felipes Schwester war, wie die beiden behaupteten, aber jedenfalls war sie eine für Felipe arbeitende guatemaltekische Hure und schröpfte Helmut ein Jahr lang in dessen Auftrag. Eine Dauerbeziehung zu einer Hure wurde sogar in Mexiko zu teuer für eine Armeepension, und um Geld zu sparen, machte Helmut ihr einen Heiratsantrag. Die Ehe hielt ein Jahr. Es gab Anzeichen, meinte Helmut, daß Manuela für das Eheleben nicht geeignet war. Er schloß nicht aus, daß sie sich gelangweilt haben könnte. Dann verschwand sie und ließ ihn mit zwei Kindern zurück. Gewiß, sie waren in der Zeit, in der er Manuela kannte, zur Welt gekommen. Ob er sie auch gezeugt hatte, war eine andere Sache. Im Zweifel für den Angeklagten, dachte Helmut und beschloß, seine Kleinen aus der zunehmend verderbten Stadt, zu der sich Puerto Vallarta entwickelte, zu entfernen und sie im Paradies aufzuziehen. Er klemmte sich die Kinder unter den Arm und bestieg das Boot nach Yelapa.

Helmut wohnte seit sieben Jahren in einer Hütte mit zwei Zimmern, die er sich oben auf dem Hügel selbst gebaut hatte. Das Mädchen war nun acht und der Junge neun Jahre alt. Seit zwei Jahren besuchten sie eine Missionsschule, die in Yelapa für die Indios aus dem Hinterland eröffnet worden war. Es mochte keine besonders gute Schule sein, aber alles, was sie wissen mußten, konnten sie auch von ihrem Vater lernen. Er besaß hundert Bücher in seiner Hütte: die größte Bibliothek in einem Umkreis von hundert Meilen. Die Kinder konnten sich an ihn wenden, wenn sie seine Unterweisung, Unterhaltung, Gesellschaft und Liebe brauchten. Er kochte für sie, wusch sie und flickte ihre Kleider. Was ihn selbst betraf, so genügte es ihm, wenn er jeden Tag in aller Ruhe ein paar Joints rauchen konnte.

Über eines aber mußte man sich im klaren sein. An einem Ort wie diesem konnte man leicht die Kontrolle über sich verlieren. Helmut hatte es oft beobachtet. Deshalb benötigte man Disziplin. Man mußte wissen, was man wann zu tun hatte. Man mußte sich und seine Kleidung in Ordnung halten. Dabei half ihm seine Armeeausbildung. Seine Militärpension genügte, um die Bedürfnisse seiner Familie zu decken. Wenn man über militärische Disziplin und zusätzlich auch noch über eine Pension verfügte, war man dem Glück schon recht nahe.

Helmut fragte mich, ob ich wisse, was das Geheimnis der Zufriedenheit sei. Ich verneinte. Er sagte, er werde es mir erklären, und hob einen Finger, um seine Worte zu unterstreichen.

Das Gesetz zur Erlangung der Zufriedenheit beruhe darauf, genug zu haben. Wenn man zuviel oder zuwenig habe, sei man nicht zufrieden. Doch wenn man seinem Gesetz folge, stelle sich die Zufriedenheit ein.

Der pensionierte Hauptmann schaute auf seine Uhr und sagte, er freue sich, mich kennengelernt zu haben, aber nun wolle er sich verabschieden, da er nach Hause gehen und das Abendessen für seine Kinder zubereiten müsse. Ich wollte ihn fragen, wie man wisse, was genug sei, aber die Zeit war um, und ich hatte die Chance verpaßt. Vielleicht gab es für alles genug Zeit, ein genaues Maß, so viel und nicht mehr. Ich überlegte, ob es das war, was Helmut mir hatte mitteilen wollen. Er berührte seinen Hut, klemmte sich das Offiziersstöckchen wieder unter den Arm und marschierte bereits durch die Palmen davon in das sich rasch vertiefende Zwielicht.

Den Franzosen traf ich nicht zu Hause an, also hinterließ ich eine Nachricht in seiner Hütte. Ich schrieb ihm, daß ich erwartete, am folgenden Wochenende wieder in Yelapa zu sein, und dann erneut bei ihm vorsprechen würde. Unten im Dorf war die Sonne untergegangen, aber als ich den Hügel hinaufstieg, erschien sie noch einmal am Horizont und überzog das Meer mit einer dunkelroten Glut. Ein halbes Dutzend Menschen hatte sich auf der Terrasse versammelt, die einen weiten Ausblick über das Wasser bot, und alle waren eifrig dabei, sich Joints zu rollen. Cocktails waren ein Euphemismus für die Haschpartys, die Harriet hier jeden Tag bei Sonnenuntergang veranstaltete. Man durfte sich gern einen Drink an der Bar holen, aber im Grunde kam man zum Rauchen hierher – ein Ritual, das gemeinsam zelebriert wurde. Harriet baute das Gras wie alle anderen hier auf einem kleinen Stück Land direkt neben dem Haus an. Alle wurden high in ihrer häuslichen Abgeschiedenheit. Manche waren ständig high. Aber das soziale High war der Zusammenkunft bei Harriet vorbehalten. Man braucht eine Tagesordnung, wie Helmut gesagt hätte.

Harriet fühlte sich nicht gut. Sie lag drinnen auf einer Couch. Ein bißchen Fieber, meinte Martha, es ist am besten, sie in Ruhe zu lassen. Hin und wieder hörten wir sie aus dem dunklen Hausinnern brüllen, und Martha huschte hinein. Bald war ein Licht zu sehen. Martha hatte eine Lampe angezündet. Rodrigo hockte sich neben mich und reichte mir einen Joint. Bill hat alle zum Abendessen eingeladen, sagte er. Ich nahm einen Zug. In der Dämmerung konnte ich Rachel erkennen, die zusammen mit Jane langsam den Pfad heraufkam, zwei Frauen in weißen Kleidern, eine mit Blumen im Haar. Hast du Pierre getroffen, fragte Rodrigo. Pierre sei nicht dagewesen, erwiderte ich und gab ihm den Joint zurück, aber ich hätte Helmut kennengelernt. Kein sehr geselliger Mann, klagte Rodrigo, er kommt nie hierher. Ich erklärte, daß Helmut zu dieser Tageszeit zu Hause sein müsse, um das Abendessen für seine Kinder zuzubereiten.

Nun, da die Sonne untergegangen war, spürte man eine angenehme Brise auf der Terrasse. Im Hintergrund flüsterten Leute, die ich nicht kannte. Zu meinen Seiten wiegten sich die beiden Frauen in dem sanften Licht, weiße Kleider schaukelten in grauen Hängematten, Licht auf Schatten, Bögen, die die heranrückende Dunkelheit durchschnitten. Wo ist Rita, fragte Rachel. Jane meinte, sie sei in die Stadt gefahren, um einen Anwalt wegen eines Grundstücks aufzusuchen, das sie kaufen wolle. Rachel überlegte, woher sie das Geld hatte. Rodrigo sagte, er sei ihr gestern vor dem Rathaus begegnet. Sie habe ihm erzählt, daß sie plane, für den Rest der Woche in der Stadt zu bleiben. Eine Zeitlang redeten die drei so über Rita. Dann verloren sie das Interesse, und das Gespräch löste sich auf. Auf der Terrasse spürte man, wie sich das rauschhafte Schweigen verdichtete, sich wie Beton verhärtete und wie jeder in seine eigene Welt abdriftete.

Nichts spielte hier eine Rolle. Alles Jenseitige war groß. Wir alle sterben in verschiedenen Farben. Das waren Harriets Worte. Ich hörte ihre Stimme, klar und entschieden, aus dem Innern des Hauses. Rodrigo bestätigte das. Er ging hinein, um mit ihr zu reden. Eine Minute später kam er wieder heraus und sagte, Harriet müsse im Schlaf gesprochen haben.

Nach einer Weile ließen wir uns den Pfad hinunter ins Tal treiben. Wir überquerten die Sandbank. Die Nacht war still, die Luft glatt und sanft. Der Ozean lag in der Dunkelheit wie ein riesiges schlummerndes Geschöpf, das an die Sandbank gekettet war. Rachel und eine andere Frau wollten am Strand bleiben. Die übrigen steuerten auf das Licht zu, das von Bills Haus auf dem Hügel kam.

Jungle Doc briet Schwertfischsteaks auf einem Grill vor dem Haus, als wir eintrafen. Sein Freund Carlo aus Chile deckte drinnen den Tisch. Er zeigte uns, wie man Papierservietten zu Vögeln formt. Carlo war klein und dunkel und schlank und wirbelte herum wie ein Tänzer, sogar wenn er nur in die Küche ging, um die Barbecue-Soße zu holen. Bill erschien in der Tür und trat mit dem Schwertfisch in einer langstieligen Pfanne an den Tisch. Er war ein großer, blonder, umtriebiger Mann und von viel überflüssigem Lärm umgeben. Selbst wenn er durch ein leeres Zimmer schritt, vermittelte er den Eindruck, sich den Weg durch eine Menge zu bahnen.

Bills Haus gab es noch nicht. Er habe dieses hier gemietet, sagte er, und baue sein eigenes etwas weiter unten am Hügel. Das Haus, das Bill baute, blieb beim Abendessen das beherrschende Thema. Bill sprach gebieterisch, wenn auch nicht immer fesselnd, über Grundpfeiler, Filtersysteme und Klärbehälter. Bald konkurrierten überall am Tisch verschiedene Gespräche miteinander. Carlo erstellte ein Zahlenhoroskop für Jane. Rodrigo erklärte, was Muskelverspannungen verursache, wobei er meinen Nacken massierte. Eine Zeitlang schien Bill nur mit sich selbst zu sprechen. Aber dann tauchten Enrique und seine Freundin Rosanna gähnend aus irgendeinem verborgenen Schlafzimmer auf und setzten sich mit vom Schlaf zerdrückten Gesichtern zu uns an den Tisch, wodurch Bill ein neues Publikum erhielt.

Carlo stand auf, um das Wrack des Schwertfisches aufzuräumen, und trug die Teller in die Küche. Ich habe zum Nachtisch ein Sorbet gemacht, sagte er. Das Haus war an allen Seiten offen, die einzigen Wände um uns herum waren die der Nacht. Windspiele hingen unter den Traufen, um der sanftesten Brise Klang zu verleihen und uns auf das Gefühl der Kühle aufmerksam zu machen. Aber die Nacht war völlig still. Unmittelbar über den Sturmlampen auf einer Bank neben dem Tisch verdichtete sich die tropische Dunkelheit. Ich konnte die Querbalken unter dem Palmenblätterdach erkennen, aber der Dachfirst war bereits unsichtbar. Als Carlo den Kühlschrank öffnete, um das Sorbet herauszuholen, überraschte die Helligkeit und ein kühler Luftzug, der über den gekachelten Boden zu uns herüberzog. Mit Tellern jonglierend, wirbelte Carlo unter Beifall durch den Raum. Die Kälte des Sorbets war sensationell. Der kälteste Gegenstand im Umkreis von fünfzig Meilen, sagte Jungle Doc, und alle zollten seinem Generator ordnungsgemäß den Tribut, den er hören wollte.

Ich habe etwas für nach dem Dessert mitgebracht, sagte Rosanna. Sie nahm einen Lederbeutel von ihrem Hals, löste den Riemen und kippte den Inhalt auf den Tisch. Es war eine Portion Acapulco Gold aus Felipes Bar. Enriques lange, knochige Finger huschten spinnengleich herum, sortierten und fegten, preßten und drehten, bis er zwei geschwollene, kegelförmige Joints vor sich hatte – Bazookas, wie er sie nannte. Er entzündete eine der Bazookas, sog durch seine geschlossene Faust daran und reichte sie weiter an Carlo. Rodrigo entzündete die andere, und Jane und ich zogen uns mit ihm in eine Nische über dem Eßtisch zurück, eine Art Regal mit Kissen, auf dem wir uns ausstrecken und es uns bequem machen konnten. Dort teilten wir drei unsere Bazooka, während die anderen rauchend um den Tisch saßen. Nach einer Weile stand Bill auf, um die Lampendochte abzuschneiden, und warf enorme Schatten, während er sich durch den Raum bewegte. Rosanna kam etwas später zu uns aufs Regal und ließ Enrique und Carlo am Tisch zurück. Sie wechselten ins Spanische über und führten mit leiser Stimme ein langes Gespräch, dem ich nicht folgen konnte. Nach Rodrigos früheren Darbietungen vermutete ich, daß er sich bald zusammenrollen und einschlafen würde. Abgesehen von einem Ziehen um meinen Kopf und einer angenehmen Benommenheit, die es schwierig machen würde, mich zu bewegen, falls das notwendig werden sollte, fühlte ich mich sehr wohl auf dem Regal zwischen Rosanna und Jane – drei auf Kissen gestützte Bildnisse, die in die Schwärze der mexikanischen Nacht hinausstarrten. Ich überlegte mir, mit welcher der beiden Frauen ich, hätte ich die Wahl, lieber schlafen würde und stellte fest, daß meine Libido ohne mein Zutun, wie ich meinte, betäubt worden war. Sonst hatte sich mein Zustand nicht nennenswert verändert. Ich war sicher, daß noch mehr geschehen würde, und wartete es ab.

Ich glaubte, unten im Tal ein Rufen zu hören, und fragte die anderen, ob sie etwas bemerkt hätten. Rosanna bejahte. Jane sagte nein. Dann sahen wir ein Licht im Dorf und noch eines und noch eines, offenbar Fackeln, die von Menschen getragen wurden, denn sie zuckten hin und her. Die zuckenden Lichter wurden von Rufen begleitet. Die Lichter schmolzen zu einem Klumpen und lösten sich wieder voneinander. Alle Lichter, bis auf eines, erloschen. Das Dorf wurde dunkel. Wir sahen zu, wie die letzte Fackel über die Sandbank hüpfte. Sie stieß auf den Pfad und wandte sich nach rechts den Hügel hinauf. Die scheinen hier raufzukommen, sagte Bill, wer immer es sein mag. Carlo und Enrique setzten ihr Gespräch halblaut fort. Keiner der beiden machte sich die Mühe, den Kopf zu drehen.

Wie drei Bildnisse, dachte ich, während sich die Benommenheit ausbreitete, wie drei Pharaonen, gemeißelt aus einer Klippe, die die Nacht überblickte, beobachteten wir aus großer Entfernung den Weg der Fackel den Hang herauf. Es war das einzige, was sich in der Stille, von der wir ein Teil waren, bewegte, das einzige Licht in der alles umhüllenden Dunkelheit. Wie winzig es war! Wie es sich bemühte, nicht verschlungen zu werden!

Carlo und Enrique ergaben sich der Trägheit der Nacht. Ihr Gespräch verklang. Niemand schien zum Reden aufgelegt zu sein. Jungle Doc hatte sich auf einem Schaukelstuhl niedergelassen. Rodrigo schlief. Wir übrigen saßen schweigend da und warteten ohne große Neugier auf die Ankunft des Lichtes.

Ein Mann, der eine Frau trug, stürzte in die Hütte. Er warf sie von seiner Schulter wie einen Sack, und die Frau fiel auf das Bett am Eingang. Sie stöhnte. Offenbar hatte sie Schmerzen, aber das hinderte sie nicht daran, das Kleid herunterzuziehen, das nach oben gerutscht war und ihre Schenkel entblößt hatte. Der Mann stand mit hämmernder Brust und geweiteten Nüstern da wie ein Pferd nach einem Rennen. Sein ganzer Körper bebte von der gewaltigen Anstrengung. Er war immer noch nicht fähig, ein Wort hervorzubringen. Er stand halbnackt in seiner Hose da, ein sehr kleiner und sehr muskulöser Mann, und rang nach Atem, während der Schweiß an seinem Hals hinunter über Rücken und Brust strömte.

Ein zweiter Mann traf nicht lange nach dem ersten ein. Auch er war klein, dunkel und muskulös. Obwohl er ebenfalls vor Schweiß glänzte, war er nicht so erschöpft wie sein Freund, und er brachte Worte mit sich, als wären sie Knüppel und als wäre das Sprechen ein Kampf. Seine Arme schnellten vor, holten aus und stießen in die Luft, während er sich an den großen Mann wandte, der reglos im Schaukelstuhl saß.

Señor Bill, wir brauchen Ihre Hilfe, sagte er und stellte sich vor den Stuhl. Worte strömten hervor und drangen in meine Ohren. Ich verstand sie mühelos. Die Frau war seine Schwester. Sie war von einem Skorpion gestochen worden, hier in den Fuß, als sie Wasser zu den Hütten getragen hatte. Deshalb konnte sie nicht gehen, und sie mußten sie den Hügel hinauf zu Señor Bill bringen, um das Medikament zu erhalten, das er in seinem Haus aufbewahrte, denn Señor Bill hatte den Leuten im Dorf gesagt, genau das zu tun. Der Mann der Frau und er, der Bruder, hatten sie getragen. Der eine ruhte sich aus, während der andere sie schleppte. So waren sie den Hügel heraufgekommen, und hier war die Frau.

Jungle Doc erhob sich und ging in die Küche. Wir sahen zu, wie er den Kühlschrank öffnete und eine Spritze und eine Eispackung herausnahm. Dann trat er zu der Frau auf dem Bett und sprach klar und bedächtig auf sie ein, wobei er zur Illustration Gesten benutzte, als erwarte er, daß sie schwach von Begriff sein oder seine Aussprache nicht verstehen würde. Hier in seiner linken Hand halte er eine Eispackung, sagte er. Sie solle die Packung auf den Skorpionstich pressen, um die Wirkung des Giftes zu verlangsamen. Hier in seiner rechten Hand halte er eine Nadel zum Injizieren des Serums, das das Gift neutralisieren werde. Wenn sie nun so gut sein wolle, ihr Kleid hochzuziehen und ihr Gesäß zu entblößen…

Die Frau brüllte auf und zerrte das Kleid fest um ihren Körper. Jungle Doc bedeutete den beiden Männern, ihm zu helfen. Die drei legten unzart Hand an die Frau. Ein mächtiges Ringen begann. Sie trat und biss und kratzte. Jungle Doc, der auf eine günstige Gelegenheit lauerte, erhielt einen Schlag auf die Nase und zog sich vorübergehend aus dem Getümmel zurück. Einer der Mexikaner klemmte sich ihren Kopf zwischen die Beine und kniete sich auf ihre Arme. Der andere Mexikaner packte ihre Beine und drehte sie zur Seite, bis die Frau einen Teil ihres Hinterns präsentierte. Jungle Doc rief nach Verstärkung. Carlo kam herbei und kniete sich neben das Bett. Er zog das Kleid der Frau nach oben und packte ihren Schlüpfer. Eine Hinterbacke wurde sichtbar. Jetzt, schrie Carlo. Wir haben keine Zeit zu verlieren. Bill setzte die Spritze ins Fleisch.

In dem Moment, als die Frau die Nadel spürte, wurde sie ruhig. Sie lag auf dem Bett, immer noch teilweise entblößt, aber das schien ihr nun gleichgültig zu sein. Sie überließ es ihrem Mann, ihre Kleidung wieder in Ordnung zu bringen. Er setzte sich auf den Boden und drückte die Eispackung an die Stelle, an der der Skorpion sie in den Fuß gestochen hatte. Das Keuchen der Frau verlangsamte sich. Ihr Stöhnen hörte allmählich auf. Sie lag, den Kopf im Kissen, auf dem Bauch und gab keinen Laut von sich. Wir übrigen saßen gelassen hinter unserer Glaswand und betrachteten die Ereignisse, die sich auf der anderen Seite abspielten, mehr oder minder unbeteiligt. Was immer geschah oder nicht, alles schien unendlich fern. Es interessierte uns nicht. Es hatte nichts mit uns zu tun. Für einen anderen Teil meines Bewußtseins war das eine schockierende Erkenntnis. Ich akzeptierte sie in aller Gemütsruhe, genau wie die Entdeckung, daß sich in unserem Innern so unterschiedliche Sichtweisen verbergen können.

6

Ein Gespenst ging um bei uns in der Casa Kimberley. Es verfolgte Richard, und damit waren auch alle anderen im Haushalt ein wenig angespannt: Richard war für seine Rolle in dem Film *Königin für 1000 Tage* für den Oscar nominiert worden. Von Nominierungen hatte Richard die Nase voll. Er wollte nichts mehr von der Sache wissen. Aber sechs Nominierungen ohne einen Sieg – da gab es für ihn kein Entkommen. Er wurde zum Versager gestempelt.

Egal wie oft Richard sich selbst und uns versicherte, daß die Oscars Schund seien und kein ernsthafter Schauspieler ihnen Beachtung schenke – die Filmbranche war anderer Meinung. Durch ihre Repräsentanten in New York und Hollywood, durch die PR-Agenten, übte sie Druck auf den Alkoholiker und Star aus, der sich in Mexiko verkrochen hatte. Jetzt mußte man handeln, die Academy-Mitglieder durch ein sympathisches Porträt des Kandidaten günstig stimmen, in einer sorgfältig durchdachten Fernsehdokumentation den Scheinwerfer auf Richard Burton richten und der Öffentlichkeit den Privatmann in der Casa Kimberley nahebringen. Sollte sich seine Frau in der einen oder anderen häuslichen Szene zufällig blicken lassen – vielleicht, dachte ich, würden wir sie ja beim Braten eines Omeletts oder beim Aufhängen der Wäsche sehen –, hätte niemand was dagegen.

Eine graue Eminenz unter den Hollywooder PR-Agenten, ein echter Schatz, wie Elizabeth sagte, kam nach Mexiko, um den Vorschlag zu erörtern. Es gab zahlreiche PR-Agenten – und ebenso viele Produzenten, Regisseure, Kameramänner, Designer und Haarstylisten, von Schauspielerkollegen gar nicht zu reden –, die keine echten Schätze, nein, überhaupt keine Schätze waren. Diese Leute standen auf der schwarzen Liste. In der Branche war wohlbekannt, daß man, wollte man Richard oder Elizabeth für einen Film verpflichten, niemanden von der schwarzen Liste heranziehen durfte. Richard ging bereitwillig auf den Vorschlag des echten Schatzes ein. Aber die Frage, von dem echten Schatz nicht ganz so freimütig vorgebracht, war die: Würde Richard die zwei oder drei Tage, die für die Dokumentation benötigt wurden, nüchtern bleiben?

Richard kam eines Abends an der Bar auf das Thema zu sprechen, während ich ihm dabei zusah, wie er eine Flasche Wodka in zwei Stunden leerte. Es sei eine akademische Frage, sagte er. Ziemlich betrunken, eher kämpferisch als aggressiv, versicherte er mir, er könne mit dem Saufen jederzeit aufhören, wenn er nur wollte. Das glaubte ich auch, aber ich war mir genauso sicher, daß er wieder auf die Nase fallen würde. Kleingeister gründeten ihr Leben auf die Wahl zwischen dem Entweder-Oder, verkündete er von oben herab – eine Formulierung, die daher stammte, daß er zu der Zeit ein Buch von Søren Kierkegaard mit diesem Titel las. Ich hatte das Buch neben seinem Stuhl im unteren Haus bemerkt. Große Geister seien zu beidem gleichzeitig imstande, fuhr Richard fort. War es etwa schwieriger, eine Filmszene zu drehen, als Pool zu spielen? Wenn er trinken und Pool spielen könne, könne er auch trinken und schauspielern. Er forderte mich zu einer Snookerpartie heraus, um sein Argument auf der Stelle zu untermauern. Wir gingen mit unseren Drinks nach unten, und er besiegte mich ohne große Mühe.

Eine Filmcrew aus rund einem Dutzend Personen kam aus Los Angeles und verbrachte einen Tag damit, ihre Geräte im Haus aufzustellen. Kabel führten über die Treppen und über die Brücke bis ins untere Haus. Im Hinterhof türmten sich so viele Apparate, daß die Jungen und ich uns kaum in unsere Zimmer zwängen konnten. Gerade als die Aufnahmen zu dem Dokumentarfilm beginnen sollten, ließ der *jefe* der Ortspolizei mitteilen, daß die Crew illegal nach Mexiko eingereist war und innerhalb von 24 Stunden ausreisen mußte. Die Amerikaner waren mit Touristenvisa ins Land gekommen, obwohl kein Zweifel daran bestand, daß sie aus geschäftlichen Gründen hier waren. Jeder benötigte eine Arbeitserlaubnis. Die konnte man jederzeit beantragen, aber von außerhalb, nicht von innerhalb des Landes.

Adios, caballeros.

Das war ein Stoß in den Rücken. Ich empfand es einfach nur als boshaft. Die Mexikaner freuten sich wahrscheinlich über die Gelegenheit, sich an den Gringos für zahllose ähnliche Erniedrigungen zu rächen, die sie in der Vergangenheit von den Amerikanern eingesteckt hatten. Also mußten die Fernsehleute ihre Sachen packen und mit leeren Filmspulen nach LA zurückfliegen. Der *jefe* persönlich verabschiedete sie am Flughafen. Es war ein teurer Ausflug für den echten Schatz gewesen. Elizabeth litt sichtbar mit und lud ihn zum Dinner ein.

Kein Abendessen also, sondern ein Dinner mit Anwesenheitspflicht für alle, angefangen mit Elizabeth in einem ihrer Kaftane und Richard in einem bestickten mexikanischen Frackhemd. Bei solchen Gelegenheiten zog Cajo ein weißes Hemd und eine schwarze Hose an und verwandelte sich von einem Hausdiener in einen Kellner. Maria, die Köchin, tauschte ihren gewohnten weißen Kittel gegen ein Kleid mit Blumenmuster. Sie bereitete Lamm-, Rinder- und Schweinebraten zu, um alle Religionen abzudecken. Von Zeit zu Zeit begoß sie die Braten mit einer offenbar sehr feuergefährlichen Marinade, so daß spektakuläre Flammen aus dem Grill emporschlugen.

Richard merkte anscheinend nichts von diesem bengalischen Feuer. Er hatte Maria den Rücken zugewandt, saß am Kopf des Glastisches und schaute über das Balkongeländer hinweg auf die Dächer von Puerto Vallarta und die Bucht dahinter, wo sich eine gigantische Bloody Mary von einem Sonnenuntergang über den Horizont ergoß. Hier war eine Vorführung Seiner Schaffenskraft, etwas, bei dem man hätte verweilen können, aber Richard blieb unberührt. Er hatte bereits eine Menge Cocktails getrunken, bevor er sich an den Tisch setzte. Nun schenkte er Wein in die Gläser und rief nach Tequila. Cajo holte eine Flasche von der Bar. Elizabeth saß zwischen dem echten Schatz und Richard, mit Blick ins Zimmer. Mein Platz war gegenüber. Die beiden Jungen saßen zwischen Richard und mir.

Elizabeth wollte Butter für ihr Gemüse und stand auf, um sie zu holen. Das faßte Maria als Vorwurf auf. Sie eilte herbei, um herauszufinden, was los war. Sie war eine ordentliche Köchin und überhaupt eine ordentliche Frau, doch die Beherrschung des Englischen gehörte nicht zu ihrem Repertoire. Wie das ganze Hauspersonal sollte sie möglichst kein Englisch verstehen, damit ihre Arbeitgeber sich zwanglos unterhalten konnten, ohne die Sorge, tags darauf ihr Tischgespäch in der Zeitung nachlesen zu müssen. Aber nun konnte Elizabeth der Köchin nicht erklären, daß sie etwas Butter wollte.

Elizabeth rang die Hände, suchte nach einem passenden Wort und verfiel schließlich auf *burro*. Ob sie *burro* bekommen könne, *por favor*? Maria, die zu jeder Dienstleistung bereit war, betrachtete sie verblüfft. *Burro,* rief Elizabeth zwei- oder dreimal, da sie hoffte, daß die Wiederholung den Informationsfluß erleichtern würde.

Burro heißt Esel, sagte Richard trocken. Alle amüsierten sich köstlich. Sogar der weißhaarige echte Schatz lachte auf seine höfliche Art. Du bittest die arme Frau, dir einen Esel zu bringen, fuhr Richard fort, um die Situation auszuschlachten. Willst du das wirklich, du Clown? David, bitte sei so gut, Elizabeth das spanische Wort für Butter zu verraten.

Also half ich mit dem Wort *mantequilla* aus, so wie ich Richard bei einer anderen Gelegenheit mit einer Übersetzung von »Ist dies unser Boot?« ausgeholfen hatte. Und Maria brachte sofort Butter an den Tisch.

Richard trank ein Glas Tequila aus und goß sich gleich ein zweites ein. Die Art und Weise, wie er es tat, hatte etwas Vorsätzliches, wenn nicht sogar Methodisches an sich, als wollte er sich in Form bringen, dachte ich. Und da Richard eben Richard war, konnte es sich nur um eine Performance handeln.

»Was über allen Schein, trag' ich in mir.«

Wartete Hamlet in den Kulissen? Welche der Stimmungen von Richard Burton würde als nächste zum Vorschein kommen? Exkonsul Geoffrey Firmin, der alkoholkranke Antiheld, der in *Unter dem Vulkan* vom Gewicht einer vom Tod erfüllten mexikanischen Landschaft zermalmt wird?

Vielleicht erkannte der echte Schatz die Warnsignale. Er versuchte, das Thema zu wechseln, und leitete das Gespräch auf Speisen und Marias Kochkunst über. Doch Richard wollte davon nichts wissen.

Mantequilla, sagte er und stach seine Gabel in das Fleisch, das sei wirklich ein merkwürdiges Wort. Es habe nichts mit dem Wort für Butter in anderen europäischen Sprachen gemein. Woher stammte es? Ich mußte gestehen, daß ich es nicht wußte. Ich sei mit meinen Spanischkenntnissen noch nicht sehr weit fortgeschritten. Richard fing an, mich nach Sprachen zu befragen. Wie gut sei mein Latein? Könne ich etwas Griechisch? Nein? Na ja, das sei wohl nicht allzu schwierig, wenn sogar Marlon Brando es geschafft hatte, sich Griechisch beizubringen.

Mittlerweile war ich vertraut genug mit Richards Code, um zu wissen, daß er, wenn er sich dem Thema Wörter und Sprache zuwandte, sich für eine Partie verbalen Scrabbles bereithielt und für die Schlacht rüstete. Also forderte ich ihn heraus. Marlon Brandos Griechisch schien mir als Schlachtfeld durchaus geeignet. Ich bestritt Richards alberne Bemerkung, daß Griechisch leicht sein müsse, wenn sogar Brando es gelernt habe. Wenn selbst Ezra Pound, der Unmengen lateinischer Dichtung übersetzt hatte, grundlegende Grammatikfehler gemacht habe, wie Robert Graves in einem amüsanten Essay nachgewiesen hatte – ich empfahl Richard das Buch, falls er es nicht gelesen hatte –, dann war Latein sicherlich schwierig, und Griechisch nicht weniger.

Richard leerte das zweite Glas Tequila.

Natürlich war es ein weitverbreitetes Mißverständnis, sagte er, indem er vom Thema abschweifte und seine Streitsucht nach dem Punkteverlust in Runde eins (er hatte den Essay von Graves nicht gelesen) nicht verhehlte, Menschen, die Sprachen beherrschten, für gebildet zu halten. Was ihn betraf – und das würde mich vielleicht überraschen –, sei sein bestes Fach in der Schule Mathematik gewesen. Ein wahrhaft gebildeter Mann wie Bertrand Russell, dessen Autobiographie Richard gerade las, kenne sich auf allen Gebieten aus. Ich erwiderte, ich sei völlig seiner Meinung.

Dieser verhüllte Austausch von Feindseligkeiten wogte von einer Seite des Tisches zur anderen, ohne daß jemand daraus schlau wurde. Elizabeth verteilte die mühsam errungene *mantequilla* auf ihrer gebackenen Kartoffel. Die Jungen verglichen die Sonnenbräune an ihren Unterarmen. Der echte Schatz beugte sich hinunter, um seine Serviette aufzuheben. Offenbar hörte kein anderer, wie Richard über die Klippe stürzte. Aber ich hörte ihn. Plötzlich und ohne jede Warnung war er betrunken. Es war das zweite Glas Tequila, das als Sprengsatz wirkte. Nun war er scharfgemacht und nicht mehr aufzuhalten.

»Hat jemand von Dunbar gehört?«

Ja, sagte ich, weil die Frage ausschließlich für mich bestimmt war, ich hatte von Dunbar gehört. Er war ein mittelalterlicher schottischer Dichter, aber ich wußte nichts von seinem Werk. Ich hatte nie etwas von ihm gelesen.

Nie etwas von Dunbar gelesen? Aber ich, David, ich kann ihn *rezitieren*.

Richards Oberkörper schwankte vom Tisch zurück und plumpste mit einem hörbaren Krachen in seinen Stuhl. Nun war es amtlich: Er war betrunken. Elizabeth nickte den Jungen zu, daß sie aufstehen dürften, und die beiden verzogen sich. Richard bemerkte ihr Verschwinden nicht einmal. Er starrte auf die Überreste des Essens auf dem Tisch vor sich. Und dann legte er los.

Der einst ich war in Lust und Freud',
Bin nun in tiefer Traurigkeit,
Krank und geschwächt von schwerem Weh,
Timor mortis conturbat me.

Unsre Wonne hier ist nichtig
Diese falsche Welt so flüchtig,
Das Fleisch ist schwach, der Feind ist zäh,
Timor mortis conturbat me.

Stets wandelt sich des Menschen Zustand,
Bald stark, bald krank, bald froh, bald elend,
Bald fröhlich tanzend, bald in Todes Näh',
Timor mortis conturbat me.

Es war ein aufwühlendes Klagegedicht auf die toten Dichter, die Dunbars Vorgänger gewesen waren. Das Gedicht bestürzte und rührte mich. Aber als Richard Burton, zusammengesackt auf seinem Stuhl, ein walisischer Alkoholiker im selbst auferlegten Exil in Mexiko, das Gedicht über dem Schlachtfeld des Eßtisches mit allem Nachdruck vortrug, ohne einmal zu zögern und trotz seiner Trunkenheit klar und machtvoll, wurde es zu einem außerordentlichen Werk.

Es waren 25 Strophen, eine Wortflut, die, von Richards hallender Stimme getragen, zehn oder fünfzehn Minuten gedauert haben muß. Dies war mehr als ein Vortrag. Hier war Richard nicht bloß Schauspieler. Ich begriff, daß er in dieser »Klage um die Dichter«, Dunbars schwermütigem Gedenken an den vergänglichen Charakter alles Sterblichen, etwas sehr Persönliches mit uns teilte. Es klang so, als hätte Richard selbst die Klage geschrieben. Es schien, als gebe er mit dem Gedicht einem persönlichen Verlust Ausdruck. Ich sah, wie die Sonne hinter dem Horizont verschwand, wie das tiefrote Meer purpurn und dann schwarz wurde, und ich spürte die erste Kühle nach dem Sonnenuntergang. Das Windspiel, das im Fensterrahmen hing, rührte sich in der Brise. *Timor mortis conturbat me!* Die Furcht des Todes kümmert mich! Die Wiederholung des Refrains am Ende jeder Strophe wurde immer beklemmender.

Da meine Freunde all' dahin,
Steht nun gewiß auf mich sein Sinn,
Damit ich nicht allein hier geh',
Timor mortis conturbat me.

Da vor dem Tod kein' Rettung ist,
Sei'n wir bedacht zu jeder Frist,
Daß es uns jenseits gut ergeh',
Timor mortis conturbat me.

Unerbittlich setzte Richard das Memento mori fort, ließ es wie einen Gong erklingen und trieb uns auf dem dunklen Fluß des Klagelieds einem unausweichlichen Ende entgegen.

Die Worte zerbröckelten. Das Gedicht war zu Ende. Nachdem Richards Erinnerung erloschen war, ging er aus wie ein Licht. Als ich ihn anschaute, schien nichts von ihm übrig zu sein. Unter seinem eleganten mexikanischen Frackhemd war sein Körper gleichsam geschrumpft. Seine Augen waren abgestorben. Sein Gesicht war leer.

Noch lange nachdem er geendet hatte, saßen wir schweigend in der sich über uns senkenden Nacht da.

Elizabeth stand auf und legte die Hände auf seine Schultern. Ich glaube, das ist das Signal für dich, ins Bett zu gehen, sagte sie sanft. Sie half ihm aus dem Stuhl. Stolpernd ließ er zu, daß sie ihn die Treppe hinaufführte.

Der echte Schatz saß mir gegenüber, das Gesicht in den Händen, und schluchzte. Keiner von uns beiden wollte etwas sagen.

Ein leichter Wind kam vom Ozean her, jagte ein einzelnes Blatt Papier über den Fußboden und zauste die Muscheln des Windspiels mit einem Geräusch wie von splitterndem Porzellan.

Wo war die »Klage um die Dichter« entsprungen – den ganzen Reichtum der englischen Literatur bedacht, der in Richards Gedächtnis gespeichert war und dem Zweck einer Rezitation vielleicht besser gedient hätte, wenn die Rezitation der Zweck war? Warum hatte er gerade jene Worte gewählt?

Es war nicht aus dem hervorgegangen, was wir an jenem Abend am Eßtisch besprochen oder irgendwann zuvor diskutiert hatten. Es kam aus heiterem Himmel.

Hatte Richard sein Gedächtnis durchforscht und das hervorgeholt, was ihn am meisten beschäftigte? War das Gedicht ein Geständnis, das er ablegen wollte, aber nicht mit seinen eigenen Worten auszudrücken vermochte – seine Angst vor dem Tod?

In wievielerlei Gestalt konnte man sich die Furcht vor dem Tod ausmalen! Es mußte ja nicht der Tod als solcher sein, vielleicht ging es um den unabänderlichen Verfall, einen Verlust oder Zerstörung. Zuneigung, Liebe, sexuelle Potenz, Stärke, Begehren, Anerkennung, Bewunderung, Ruhm – der Besitz dieser Dinge blieb etwas schwer Faßbares und Vergängliches, sogar oder vielleicht gerade für eine so anerkannte Größe wie Richard Burton, der sich scheinbar auf dem Höhepunkt seines Könnens befand.

Was war das Gelächter im Dunkeln, das Richard mit vierundvierzig Jahren hörte? Was waren jene schrecklichen Wahrheiten, die er fürchtete? Und zwar so sehr, daß er sich am Ende jeden Tages bis zur Bewußtlosigkeit betrinken mußte. Wer so viel trank, um zu vergessen, muß große Angst davor gehabt haben, sich zu erinnern.

In den Tagen nach dem Vortrag der »Klage« trank Richard nicht. Jedenfalls sah ihn niemand an der Bar, wo der Alkohol gelagert wurde. Bei ihren kurzen Besuchen im Wohnzimmer brachte Elizabeth einen Hauch von Schießpulver mit, gezeichnet von den Schlachten mit dem Mann, der sich einsperrte und nach einem Drink sehnte, doch gegen den Wunsch ankämpfte.

Als Richard schließlich unten erschien, sah er aus, als hätte man ihn aus einem Leichenschauhaus geholt. Er brachte sein eigenes Wetter mit. Ein Frösteln lag in der Luft. Nebel begleitete ihn durchs Haus. Sogar die Hunde gingen ihm aus dem Weg. Eine Woche später flogen Elizabeth und er zur Oscar-Verleihung nach Los Angeles.

Elizabeth Taylor und Richard Burton – Momentaufnahme einer Ehe

Nach der Ausrüstung zu urteilen, hatte man vor, zentnerschwere Schwertfische zu angeln. Doch Richard schien das Meer mit einem Fluch belegt zu haben …

Chris Taylor wirkt nur mäßig beeindruckt von der Darbietung seiner Tante als Femme fatale. Auch der Hauslehrer bleibt cool ...

Lag es an unserem Mißerfolg beim Fischen? Eine angespannte Stimmung herrschte an Bord. Unten: Das Reich von Eduardo Spinks. Die Strandhütten verrieten nichts von der dahinterliegenden Pracht.

Spinks hatte mit Hilfe von Indios, die er wie Sklaven hielt,
die Wildnis in einen blühenden Garten verwandelt.

Das Filmset von Die Nacht des Leguans. *Das auf der Halbinsel 1964 eigens für die Dreharbeiten gebaute Dorf war aufgelassen und inzwischen verwahrlost.*

Die Kunst der Sparsamkeit in Yelapa: zwei Häuser, eine Wäscheleine. Unten: Beim Bau seines Hauses führte der Selfmademan Jungle Doc persönlich Aufsicht.

In die schattigen Innenräume Yelapas sollte kein zu grelles Licht eindringen, das die Träume der Paradiessucher gestört hätte.
Unten: Die Bucht von Yelapa, im Vordergrund die Sandbank.

7

Wenn alle Besucher von Yelapa einen Traum ausleben wollten, wie Rodrigo Chávez glaubte, dann war meiner der Traum von einem Südseeparadies. Für mich verkörperte es die Rückkehr zu der Tropeninsel, auf der ich geboren wurde und meine ersten Lebensjahre verbrachte, bevor man mich nicht sehr erfolgreich in das kältere Klima einer viel weniger einladenden Welt verpflanzt hatte. Die Insel war der Ort meines Ursprungs, wo ich ein mythisches Leben gleichsam vor dem Beginn der Geschichtsschreibung geführt hatte. Ich brachte sie mit Wärme, Wasser, Gemütlichkeit, Farbe, Licht, Zufriedenheit, Wohlergehen, Sicherheit, vielleicht mit all den Eigenschaften in Verbindung, die ein Kind mit seiner Mutter assoziiert. Vielleicht war der Urtraum, der durch die Hoffnungen und Erwartungen aller Paradiessucher in Yelapa hindurchschimmerte, in Wirklichkeit die Erinnerung an etwas Vergangenes.

Während ihres Aufenthalts dort – ob für ein paar Tage wie in meinem Fall oder für ein paar Jahrzehnte wie die Bostoner Aussiedlerin Harriet – fielen die Besucher in das Kindesalter zurück. Das nächste Polizeirevier war eine halbtägige Bootsreise entfernt. Sie hatten keine Pflichten, es gab nichts, was sie tun mußten oder was sie nicht tun konnten. Sie zahlten den Einheimischen ein wenig Geld und wurden in jeder Hinsicht versorgt, so daß sie selbst die Freiheit hatten zu spielen.

Harriet und Martha spielten das Spiel von emotionaler Grausamkeit und Unterwerfung. Jungle Doc spielte den Arzt und Carlo eine Hausfrau. Jane aus South Carolina schlüpfte in die Rolle der lüsternen Tochter des Herrenhauses und spielte Verführungsspiele mit ihrem Diener Selim, die im realen Leben zu gefährlich gewesen wären. Rachel spielte die Prinzessin in der Laube, eine geheimnisvolle Frau, eine begehrenswerte, doch aus verschiedenen finsteren Gründen unerreichbare. Pierre spielte den *chasseur*, den Forscher und Jäger in Gebieten, die kein Mensch vor ihm betreten hatte. Irgendwann traf ich den Franzosen zu Hause an; eine Hütte mit einem Gewehr über der Tür. Ein Ort, an dem er kochte und aß, auf einer Felsspitze, die dem Ozean so nahe war, daß die Gischt uns manchmal besprühte, während wir dasaßen und uns unterhielten. Dies war, sagte der Franzose, das Leben der Freiheit, das Leben des wahren Mannes, nicht eines gefesselten und gezähmten Geschöpfes. Aber Pierres Traum gründete sich zu offenkundig auf Enttäuschung, verkleidet als Verachtung für die Zivilisation im allgemeinen, und ich fragte mich, was in seinem Leben falschgelaufen war.

Nachdem Richard und Elizabeth nach Los Angeles abgereist waren, verbrachte ich ein langes Wochenende in Yelapa. In meiner Vorstellung verfrachtete ich sie in eine der hiesigen Palmenhütten und überlegte, welche Rollen sie spielen würden. Richard sah ich am ehesten in der Rolle des Geoffrey Firmin in *Unter dem Vulkan*, der von Trugbildern und Anzeichen der Sterblichkeit verfolgt und nach seinem Tod wie ein Stück Abfall in eine

Schlucht geschleudert wird. Mir wollten keine fröhlichen Spiele für ihn einfallen. Richard Burton schien dazu bestimmt, eine Enttäuschung über das Leben – verborgen hinter all seinen äußerlichen Erfolgen – zu durchleiden, und zwar für alle sichtbar zu durchleiden. Ein unbeschwerteres Schicksal war ihm nicht vergönnt. Das war für Elizabeth reserviert worden. Sie besaß die Widerstandskraft, die Frohnaturen kennzeichnet. Sie würde in den Vulkan hinabsteigen und unversehrt herauskommen. Ich sah sie nicht als Paradiessucherin, denn sie war keine Träumerin. Im Gegenteil, ihre Diesseitigkeit war ihre Stärke. Was man vor sich sah, das war sie. Das Paradies kümmerte sie nicht.

Eine Frau in weißer Baumwollhose und Bluse ritt eines Morgens aus den Bergen herunter, plätscherte durch den Bach und band das Pferd an einer Stange im Schatten einer Hütte am Strand fest, wo ich lag und ein Buch las. Sie rief dem Mexikaner etwas zu, der in der Hütte saß und auf die zwei oder drei dort angebundenen Tiere aufpaßte, und er rief etwas zurück, das der Frau ein stürmisches, vom Rauchen heiseres Lachen entlockte. Sie lief zur Sandbank hinunter, zog ihre Kleidung aus und sprang splitterfasernackt mit einem Jauchzer ins Meer.

Rita La Conchita traf in den späten 1960ern aus Kalifornien ein, um Mexiko zu befreien, nachdem sie die Heldentaten von Jeanne Moreau und Brigitte Bardot in *Viva Maria* bewundert hatte, einem Film über Frauen mit dem vagen, doch schillernden Ehrgeiz, eine Revolution in Südamerika anzuzetteln. Sie zog sich an wie eine mexikanische Bäuerin beziehungsweise so, wie Hollywood mexikanische Bäuerinnen des 19. Jahrhunderts anzog: mit weißer Baumwollbluse und -hose und einem weißen oder roten Tuch um die Stirn, das ihr ein mehr oder weniger revolutionäres Aussehen verlieh. Rita trug ihre Sache in die Herzen – und Betten – der Mexikaner. Viele unterdrückte Genossen waren irgendwann einmal ihre flüchtigen Liebhaber gewesen. In fünf oder sechs Jahren mußte sie einer recht großen Zahl von ihnen Schlafplätze gewährt und eine Menge Tortillas, Tabak, Gras und Tequila zu sich genommen haben. Mit ihrem Mopsgesicht war sie keine besonders schöne Frau. Sie galt als fruchtig, hatte wenigstens in ihren späten Zwanzigern als fruchtig gegolten, als sie an der Küste von Jalisco erschienen war und ihren *nombre de guerra* erhalten hatte.

In Yelapa nannten die Fischer sie La Concha, was Muschel bedeutet, aber auch die Geschlechtsteile einer Frau bezeichnet. Als Rita das herausfand, war es zu spät, den Namen zu ändern, deshalb milderte sie ihn ab, indem sie ihn in ein Diminutiv verwandelte: La Conchita. Die Fischer waren mittlerweile keine Fischer mehr und La Concha nicht mehr die La Concha von früher. Daß sie nun überreif war und ihr Haltbarkeitsdatum überschritten hatte, machte ihr nichts aus. Sie führte ein leidenschaftliches Leben und war ein freier Geist. Sie wollte auch den Rest der Welt befreien, beginnend mit mir von dem Augenblick an, als wir einander am Strand begegneten und unseren ersten Joint teilten.

Du bist zu angespannt, sagte La Conchita, du mußt lernen, lockerer zu sein. Das Rauchen von Pot habe mehr zu bieten als die örtliche Betäubung, die ich ihr von meiner letzten Party bei Jungle Doc schilderte, doch offensichtlich hatte ich davon nichts mitbekommen. Ich blieb am Boden, ich flog mit keinem Drachen in den Himmel. Sie sprach geheimnisvoll über die vier Lebenskoordinaten und den Fluß zwischen ihnen, und wir saßen eine Stunde lang in der Lotusposition am Strand und dachten darüber nach, aber ich bekam nur einen Krampf. Dann gingen wir zu Jane, um ein Mittagessen zu schnorren. Dort trank ich zuviel Rum und schlief ein. Ich wurde von Selims Besen geweckt, der nur ein paar Zentimeter von meinem Kopf entfernt hin und her fegte. Warum auch immer, Selim wollte offenkundig, daß ich das Haus verließ. Also ging ich schwimmen.

Als die Sonne unterging, spazierte ich zu Harriet hinauf. Martha teilte uns mit, daß Harriet in Mazatlán im Krankenhaus sei. Nur La Conchita und Rachel erschienen an jenem Abend. Ein Joint machte die Runde. Alles war friedlich. Ich war schläfrig und zufrieden damit, mit den anderen zusammenzusein und die Wirkung eines leichten Betäubungsmittels zu spüren, während ich zusah, wie die Sonne hinter dem Horizont verschwand. Aber ich blieb immer noch am Boden. Kein Drachen wollte mich mitnehmen.

Ich blieb dort, wo ich war, nämlich auf der Couch auf Harriets Terrasse. Es war ein ungeschriebenes Gesetz der Gastfreundschaft von Yelapa, daß Leute, die sich bei Anbruch der Dunkelheit zufällig in deinem Haus aufhielten, dort die Nacht verbringen durften. Das war für Wochenendbesucher sehr praktisch. La Conchita hatte in den letzten fünf Jahren davon Gebrauch gemacht. Sie konnte eine Unterkunft benutzen, wenn der Besitzer nicht anwesend war, war er es aber, blieb sie lieber fern.

Am nächsten Morgen suchten wir diese Bleibe auf, eine Hütte, die nicht größer und nicht besser möbliert war als die Pierres, kaum mehr als eine Hundehütte. Mir wurde klar, weshalb die Gegenwart des Besitzers es schwierig für La Conchita machte, sich zur selben Zeit dort aufzuhalten. Aber sie hatte das, was niemandem sonst in Yelapa zur Verfügung stand: ein Bad und eine

Dusche. Man trat aus der Hintertür hinaus und sprang direkt in den Fluß. Er kam von einer Quelle in den Bergen herunter und ergoß sich über einen Wasserfall in einen Felsteich, der tief genug zum Schwimmen war. Es war kühles und klares Süßwasser.

Hier am Wasser – oder im Wasser, wenn man es vorzog – konnte man sich den Fluß zwischen den vier Lebenskoordinaten, Kopf, Herz, Lenden und Fußsohlen, weit besser vorstellen. In dem etwa einen Meter tiefen Wasser war es möglich, recht bequem in der Lotusposition zu schweben. Wenn man sich wie eine Eidechse auf dem Felsen sonnte, konnte man im Schlaf in den Teich fallen, ohne sich großen Schaden zuzufügen. Unter Ritas Anleitung häutete ich mich und stellte mich auf eine Metamorphose ein, wobei ich mir ausmalte, die Gestalt verschiedener kaltblütiger Tiere und Insekten – Leguan, Schlange, Hirschkäfer, Libelle – anzunehmen. Ich konnte summend auf La Conchita liegen – meine wie Flügel bebenden Arme hielten mich an der Oberfläche – und eine anständige Libelle abgeben. Rita hielt mich für überzeugend. Von Libellen gingen wir zu Vögeln und Bienen über. Wir saßen ohne Kleidung da, rauchten Gras auf einer abgelegenen Lichtung, die stromabwärts von dichtem grünen Laubwerk umgeben war. Vögel flogen schimpfend und johlend über die Lichtung. Riesige Schmetterlinge schwärmten herum und stürzten sich mit glänzenden blauen Schwingen auf uns herunter. Einen Moment lang klebten wir in dem hellen Sonnenlicht fest. Es ist wie Schmetterlinge, mehr ist es nicht, sagte La Conchita, nur Schmetterlinge. Dann flogen wir davon.

Wir ließen uns in der Sonne an einem Hang nieder, der aufs Meer hinausblickte. Runde Strohdächer, die wie

Pilze aussahen, sprossen aus dem Boden hinter mir hervor. Kannst du die Pilzhäuser sehen, fragte ich Rita La Conchita. Pilzhäuser? Was für Pilzhäuser? Rita war wohl nicht mitgekommen. Ich war in den Brunnen gefallen und hatte mich Alice im Wunderland angeschlossen. Nun saß ich allein am Hang mit zischenden Geräuschen um mich herum, wie explodierende Feuerwerkskörper. Als ich genauer hinschaute, merkte ich, daß es keine Raketen waren, sondern Hexen auf Besenstielen. Sie stiegen aus dem Dschungel auf, Dutzende von ihnen, und bedeckten den Himmel. Ein fast schmerzhaft blauer Himmel über mir, an dem es von Hexen auf Besenstielen wimmelte – was für ein lustiger Anblick! Oh, was für eine wunderbare Welt! Ich wäre gern mit ihnen in die Höhe geflogen, doch ich mußte zu sehr lachen. Ich lachte und lachte. Vor lauter Lachen war ich bald ganz erschöpft. Ich bekam Seitenstechen. Schließlich schwebten die Hexen davon. Ich spürte die heiße Sonne auf meinem Kopf. Nach und nach kehrte ich an den Hang zurück, und dort saß Rita La Conchita neben mir.

Willkommen in Yelapa, sagte sie.

Während ich mehr von dem irremachenden Kraut aus Yelapa rauchte, kam es mir vor, als könnte ich in mein Gehirn blicken und den Code der Wahrnehmung entziffern. Alle Gegenstände um mich herum, die Bäume und Hütten und Steine, schienen in der Auflösung begriffen, schienen zerlegt zu werden, während man sie ansah. Alle Dinge wurden reduziert auf ihre grundlegenden geometrischen Formen – Dreiecke, Kreise, Quadrate –, wie immer sie auch vor dem Auge erscheinen mochten. Hinter ihrer scheinbaren Ruhe schienen sie sich unaufhörlich und mit extremer Geschwindigkeit zu verändern, wie die Bilder, die hinter den Sichtfenstern von Glücksspielautomaten vorbeirasen. Eine unendliche Serie von Bildern und Ziffern barg die Informationscodes über die Gestalt und Farbe und die unermeßliche Vielfalt der möglichen Formen, die hinter der Illusion von ganzen, gleichbleibenden Objekten existierten, welche wir in unserem normalen Zustand der Wahrnehmung zu sehen glaubten. Nichts stand jemals still. Alles um uns herum war ständig im Fluß, wurde in jedem Sekundenbruchteil geschaffen und fortgeschafft, aber das erkannten wir nicht. Wie hätten wir es auch erkennen können? Es hätte uns den Verstand geraubt. Die Wirklichkeit wäre unerträglich.

Am letzten Wochenende bevor Richard und Elizabeth aus Los Angeles zurückkehrten, hörte ich jemanden um acht Uhr morgens unten in der *calle* meinen Namen rufen. Ich stand vom Tisch auf, wo ich mir ein Frühstück aus Mangos und Papayas machte, trat hinüber an den Balkon und schaute hinunter. Rita La Conchita, in einen hellroten Poncho gehüllt, blickte grinsend zu mir herauf. Ob ich am Wochenende freihätte?

Ein Kollege von Dr. Chávez, der in San Blas, einem Städtchen auf der anderen Seite des Berges, praktizierte, hatte einen Posten bei einem pharmazeutischen Unternehmen in Guadalajara erhalten und verkaufte seine Geräte billig. Rodrigo wollte hinüberfahren und sich die Sachen ansehen, aber sein Auto war kaputt. Ob ich ihm helfen könne?

Die beiden Jungen schliefen noch. Ich hinterließ – nicht ohne Gewissensbisse – einen Zettel für sie, auf dem stand, daß ich am Sonntag abend zurücksein würde, und zwanzig Minuten später jagte ich das Ungetüm aus seiner Höhle.

Der perforierte Schaltknüppel, den ich ein paar Wochen zuvor abgebrochen hatte, war repariert worden. Auch eine Reifenpanne und ein geringfügiger Schaden, den die vordere Stoßstange kurz danach erlitten hatte, waren behoben worden. Inzwischen hatte ich ein etwas ungutes Gefühl, wenn ich mit Richards Auto fuhr. Aber da er betont hatte, daß ich den Dünenbuggy während seiner Abwesenheit jederzeit benutzen dürfe, zögerte ich nicht, das Ungetüm auf Bitten meines Freundes zu dieser verdienstvollen Mission herauszuholen. Denn schließlich war Dr. Chávez der Hausarzt der Casa Kimberley.

Selbst ohne Windschutzscheibe, was uns an Bord des Dünenbuggys den Genuß einer kräftigen Brise bescherte, spürte ich die gewaltige Hitze, die im Dunst auf dem Asphalt vor uns schimmerte. Wir kamen an der Stelle vorbei, an der die beiden Lastwagen ein paar Wochen zuvor zusammengestoßen waren, und ich hatte das Bild vor Augen, wie ein Mann tot auf der Straße lag, während der andere ihn verwünschte und dann mit dem Hut des Toten davonging. Sobald wir die Randbezirke von Vallarta hinter uns gelassen hatten, drang plötzlich eine Fata Morgana von Bergen durch den Dunst. Sie stiegen vor uns auf, ragten direkt aus dem Meer und erreichten eine Höhe von mindestens zwei- bis zweieinhalbtausend Metern. Die Straße machte eine steile Vorlage, und das Ungetüm jagte knurrend hinterher. Es wurde kühler, die Vegetation spärlicher. Als wir den Paß erreichten, der durch die Berge landeinwärts führte, fanden wir uns auf einem kahlen, trockenen Plateau in einem anderen Land wieder. Wenn wir zurückschauten, konnten wir das grüne Land sehen, aus dem wir gerade gekommen waren. Rodrigo schlug vor, zu einem Joint haltzumachen und die Aussicht zu genießen.

Während wir im Auto saßen, bemerkten wir drei Mädchen, die den Hang heraufstiegen. Sie kamen heran, umringten den Wagen, starrten uns an und kratzten sich und zogen mit den Zehen Spuren in den Staub. Jedes der Kinder trug einen Sack. La Conchita fragte sie nach dem Inhalt der Säcke, und sie zeigten uns Pflanzen, die wie Disteln aussahen. Sie hatten die Pflanzen weiter unten am Hügel gepflückt und brachten sie nun nach Hause. Die Mädchen deuteten auf ein einsames Gebäude auf dem staubigen Plateau hinter uns. Rodrigo fragte, weshalb sie die Pflanzen sammelten. Das älteste Mädchen, das für alle drei sprach, erwiderte, ihre Mutter füge sie gern dem Eintopf bei, aber manchmal zermalme sie die Pflanzen auch und benutze sie als Packung, um die wunden Stellen von Pferden zu heilen. Rodrigo lächelte und erkundigte sich nach dem Namen des Mädchens. Venezuela, sagte sie. Das sei ein interessanter Name. Woher habe sie den? Ihr Vater sei Anhänger der Fußballmannschaft. Rodrigo fragte Venezuela, ob sie und ihre Schwestern zum Haus hinuntergefahren werden wollten. Die drei Mädchen nickten ernst und kletterten auf den Rücken des Ungetüms.

Das Haus auf dem Plateau unterschied sich sehr von den behelfsmäßigen Unterkünften, die ich an der Küste gesehen hatte. Dort wurden sie rasch aus Ästen gebaut, mit Palmenblättern bedeckt und an den Seiten verkleidet. Doch dieses Haus hatte nichts Behelfsmäßiges an sich. Die Wände und das Dach bestanden aus Stein. Hier oben gab es kaum Bäume und auch sonst fast nichts. Ich fragte mich, wie sich Venezuelas Familie ihren Unterhalt verdiente. Die Solidität des Hauses hob sich von der nüchternen Kargheit seiner Umgebung ab. Generell waren die Kontraste hier schärfer als unten an der Küste. Die

Überlebensspanne war schmaler, die Sonne heller und rauher, die Schatten tiefer und kühler, der Geruch des Wassers im Brunnen angenehmer und der Staub trockener.

Ein Pferd stand angebunden im Schatten eines einsamen Baumes neben dem Haus. Hühner liefen im Hof umher. Die Schweine, die Venezuelas Familie gehörten, schliefen im Schatten vor dem Haus. Der Großvater döste, einen Hut auf dem Kopf, in einem Stuhl auf der Veranda. Das Haus war in gutem Zustand. Am Eingang blühten Blumen. Rodrigo schickte Venezuela hinein, um ihre Mutter wissen zu lassen, daß der Arzt da und bereit war, sich Kranke im Haus anzusehen. Einen Moment später kam eine Frau mit einem Baby auf dem Arm heraus.

Wie sich herausstellte, stammte Rodrigo aus demselben Dorf wie Venezuelas Mutter. In einem harten Redeschwall, dem ich nicht folgen konnte, erzählte sie dem Arzt Familienangelegenheiten. Er hatte sich hingehockt und lächelte fröhlich mit glänzenden dunklen Augen zu ihr auf, während er ein Stethoskop aus seiner Arzttasche zog. Alles fiel Rodrigo leicht, wenn er Gras rauchte. Es half diesem reservierten, oft unbeholfenen Mann, aus sich herauszugehen, so daß seine natürliche Freundlichkeit zum Vorschein kam und er er selbst sein konnte. Vielleicht war seine Abhandlung über halluzinogene Substanzen eine Art Autobiographie gewesen.

Während sich Venezuelas Brüder und Schwestern auf der Veranda aufstellten, um sich vom Arzt untersuchen zu lassen, holte Rita meine Kamera aus dem Auto, spazierte umher und machte Aufnahmen. Dann ließen wir uns in den Schatten hinter dem Haus plumpsen und behielten eine Staubwolke im Auge, die sich von der gegenüberliegenden Seite des Plateaus näherte.

Nach einer Weile erkannten wir einen Reiter, der ein zweites Pferd hinter sich herzog. Sie trabten vor einer langen Staubsäule dahin, die ihnen über das Plateau folgte. Dann erreichten sie einen Felsvorsprung, bremsten ab und bahnten sich behutsam einen Weg über das Gestein, bevor sie in einer Mulde verschwanden. Als sie an der anderen Seite der Mulde wieder auftauchten, waren sie uns plötzlich viel näher. Pferd und Reiter hatten die von ihnen aufgewühlte Staubsäule abgeschüttelt und sich von dem Hintergrund gelöst, mit dem sie scheinbar untrennbar verbunden gewesen waren. Hundert Meter vor dem Haus gingen sie wieder in den Trab über.

Der Reiter war ein junger Mann mit einem glatten Gesicht und einer für Mexikaner ungewöhnlichen hellen Hautfarbe. Er trug Sporen und hatte einen Revolver im Halfter. Ein Lasso und eine Lederflasche hingen an dem Holzknauf vorn an seinem Sattel, hinten war eine zusammengerollte Decke. Er war von Kopf bis Fuß in Leder gekleidet und sah wie ein so vollendeter Reiter aus, daß ich ihn mir nicht getrennt von seinem Roß vorstellen konnte. Auf dem Pferd hatte er alles, was er brauchte. Es war sein Haus. Er war durch die Mittagssonne geritten, doch sein Gesicht zeigte keine Spur von Anstrengung, nicht einmal Schweiß. Nichts deutete darauf hin, daß er uns bemerkt hatte, obwohl wir direkt vor ihm saßen und er uns schwerlich übersehen haben konnte, als er auf das Haus zuritt. In ein wenig hochmütiger Manier drehte er sich ein paarmal auf dem Hof, schaute über die Schulter, um das Pferd hinter sich zu mustern, und schnalzte mit der Zunge. Dabei sprach er beiläufig, ohne uns auch nur anzuschauen, und ich kam gar nicht auf die Idee, daß er uns meinen könnte. Wo ist der Sattel, fragte er.

Ich verstand nicht, was er wollte, aber La Conchita wußte es. Überraschenderweise schien sie auch die Antwort auf seine Frage zu kennen. Sie sagte, sie habe einen Sattel auf der Veranda hängen sehen. Auf der anderen Seite könne er die Frau des Hauses finden; die werde ihm mitteilen, ob dies der gesuchte Sattel sei. Der Reiter ließ sich weiterhin nicht anmerken, ob er unsere Gegenwart überhaupt zur Kenntnis nahm. Er wirbelte das Pferd noch einige Male auf der Stelle herum und lenkte es dann auf die andere Seite des Hauses.

Inzwischen war Venezuelas Großvater aufgewacht. Als der alte Mann den Reiter sah, schien er sofort zu wissen, mit wem er es zu tun hatte und was der Mann wollte, obwohl beide außer einer knappen Begrüßung kein Wort austauschten. Der alte Mann richtete sich auf, ergriff den schweren Schmucksattel, der, genau wie Rita gesagt hatte, auf der Veranda hing, und trug ihn zu dem Pferd, das der Reiter hinter sich herführte. Der alte Mann hatte Mühe, den Sattel auf den Rücken des Pferdes zu heben, aber der Reiter bot ihm keine Hilfe an, und der Großvater schien auch keine zu erwarten. Sobald der Sattel festgezurrt war, wandte sich der junge Mann um, ritt zurück über das Plateau und verschwand, wie er gekommen war, in einer Staubwolke – eine unnahbare Gestalt, die, wie mir schien, das Unnahbare der Landschaft verkörperte.

Wieder hatte eine jener knappen Begegnungen stattgefunden, die ich mehrere Male in Mexiko erlebte und nach denen ich immer das Gefühl hatte, nicht verstanden zu haben, was vor sich gegangen war. Die gesamte Abwicklung war praktisch ohne ein Wort vonstatten gegangen. Er hatte nach dem Sattel gefragt und ihn mitgenommen. Sonst hatte er nichts gesagt. Er hatte es nicht einmal für nötig befunden abzusteigen. Er war gekommen und gegangen.

Nachdem wir das Haus hinter uns gelassen hatten, erzählte Rodrigo Rita und mir, was er in seinem Gespräch mit dem alten Mann erfahren hatte. Es hatte einen Unfall gegeben. Jemand war gestorben. Der Sattel war die Bezahlung der Schuld, die der für den Tod Verantwortliche auf sich geladen hatte. Mehr hatte der alte Mann nicht sagen wollen. Es ging ihn nichts an.

Rodrigo dachte, es gebe Schuld, die außerhalb des Gesetzes gesühnt werden müsse. Vielleicht war der Mann, der den Sattel abgeholt hatte, der Sohn oder Bruder des Getöteten, und jemand in Venezuelas Haus wurde für den Unfall verantwortlich gemacht. Das, sagte Rodrigo, sei seine Vermutung.

Während wir weiter Richtung San Blas fuhren, dachte ich laut über eine zufällige Verbindung zwischen dem Sattel und dem Toten nach, den ich ein paar Wochen zuvor auf der Straße hatte liegen sehen. Ich beschrieb Rodrigo und Rita die Unfallszene und überlegte, ob der junge Reiter den Sattel als Entschädigung für den Tod des Mannes abgeholt hatte, der auf der Straße seinen nagelneuen weißen Hut und dazu noch sein Leben verloren hatte.

Diese Mutmaßung löste ein Gespräch aus, das sich bis nach San Blas fortsetzte. Wir waren auf der anderen Seite des Berges hinuntergefahren und befanden uns wieder in der Küstenlandschaft auf einer Straße, die sich wie eine Achterbahn durch den Dschungel wand. Wenn die Ereignisse miteinander zu tun hatten, dann für mich nur deshalb, weil sie Teile derselben Erzählung waren. La Conchita glaubte an einen Zusammenhang, denn es gehörte zu ihrer Lebensphilosophie, daß allem ein Karma innewohnte. Rodrigo wußte zwar nichts vom Karma, schon gar nichts vom Karma der Hüte, aber er sagte, als Mexikaner neige er aus Gründen eines pessimistischen Fatalismus, den er mit seinen Landsleuten teile, dazu, La Conchita zuzustimmen. Der Vorfall mit dem Sattel sei so etwas wie ein Urteil, wogegen es keinen Einspruch geben konnte; als Mexikaner verstehe er das.

Wir trafen in San Blas ein, einem spanischen Kolonialstädtchen mit einer prächtigen Kolonnade, die eine Seite des Hauptplatzes einnahm. Abgesehen von ein paar Hunden, war der Ort verlassen, und nun, am späten Nachmittag, wurde es bereits kühl. Ich hatte den Arzt unterwegs abgesetzt, und er hatte den Namen eines Restaurants am Platz genannt, in dem wir uns treffen sollten, sobald er seine Geschäfte abgewickelt hatte.

Rita und ich setzten uns in dem Restaurant an die Bar und tranken Margaritas, während wir auf Rodrigo warteten. Im Innern des Restaurants herrschte die gleiche Leere wie auf dem Platz. Außer uns war da nur ein alter Mann mit schwarzer Hose und einem bestickten weißen Hemd, der uns an der Bar bediente. Nach fünf Minuten aber tauchte eine fünfköpfige Mariachi-Band auf, um uns ein Ständchen darzubringen. Es waren kleine, dünne Männer in verschossenen blauen Uniformen mit zerrissenen Goldlitzen – Uniformen, die sie wahrscheinlich seit einem halben Jahrhundert trugen. Sie standen wie Gespenster im Dunkel des Eingangs. Drei von ihnen waren Ende Sechzig, die zwei anderen, die beim Eintreten von ihren Musikerkollegen gestützt wurden, mochten noch zehn Jahre älter sein. Sie spielten ein paar jener schneidigen, schwungvollen Mariachi-Melodien für uns, die ich aus den Restaurants von Puerto Vallarta kannte, aber es war ein zerpflücktes, müdes Spiel, ohne jeglichen Elan. Rita gab ihnen etwas Geld, und sie zogen sich zurück. La Conchita hatte Hunger. Als ein oder zwei Stunden verstrichen waren und Rodrigo immer noch ausblieb, beschlossen wir zu essen. Aus der Bar gingen wir die Stufen hinunter in einen höhlenartigen Raum mit einem in der Mitte eingelassenen Teich. Uns verblüffte die hüfthohe Brüstung, die ihn umgab, und wir beugten uns hinüber, um ihn genauer in Augenschein zu nehmen. An der Wasseroberfläche lagen Baumstämme, wie wir dachten. Da sie von der Vegetation im Wasser, den Kriechpflanzen und Reben, die sich über den Teich zogen, getarnt waren, brauchten wir eine Weile, um zu erkennen, daß die Baumstämme in Wirklichkeit Alligatoren waren. Wir konnten uns nicht einigen, ob die Alligatoren lebendig waren oder nicht. Ich war mir sicher, daß sie lebten, Rita hielt sie für tot.

Nach zwei oder drei Margaritas brannte La Conchita darauf zu beweisen, daß sie recht hatte. Sie ging hinaus und kehrte mit einem Stock zurück, lehnte sich über die Brüstung und klopfte ein paarmal an den Rand. Im Wasser rührte sich nichts. Das Geländer bestand aus wenigen Zentimeter dicken Stangen und erhob sich in einem nicht sehr steilen Winkel etwa einen Meter über dem Teich. Es taugte nicht sehr viel, wie Rita feststellte, als sie sich ein bißchen weiter hinüberbeugte und einem der Alligatoren heftig auf die Schnauze klopfte. Das Reptil fuhr aus dem Wasser und schnappte so schnell nach ihr, daß ich es kaum bemerkte. Plötzlich hatte Rita nur mehr ein kurzes Stück Stock in der Hand. Sie war furchtbar erschrocken. Sie wich von der Alligatorengrube zurück und wählte einen so weit wie möglich entfernten Tisch.

Rodrigo stieß gutgelaunt zu uns, denn er hatte dem Kollegen eine Menge seiner Ausrüstung zu einem günstigen Preis abgekauft. Eine halbe Stunde lang sprach er aufgeregt über seine Pläne, die Praxis in dem Armenviertel von Puerto Vallarta aufzugeben und ein lukrativeres Geschäft in der Innenstadt einzurichten. Aber noch während er redete, merkte ich, wie sich sein Gesicht umwölkte. Es war deutlich, daß ihm die Vorstellung, sich von den Siedlern, die auf ihn angewiesen waren, abzuwenden, Qualen bereitete. Es war keine moralische Entscheidung, die er traf. Er sei durchaus kein Philanthrop, sagte er. Aber er stammte aus einem armen Dorf, das von Menschen wie Venezuelas Mutter bewohnt wurde, und er wußte, daß er im Grunde keine Wahl hatte. Die Armen waren sein Schicksal.

Deshalb suchte er unsere Freundschaft, die Gesellschaft von Gringos ohne Pflichten, die nicht wie er einem Urteil ausgeliefert waren, wogegen es keinen Einspruch gab. Nachdem wir das Restaurant verlassen hatten, gingen wir hinunter zum Strand, wo Rodrigo sich auf dem Sand zusammenrollte und uns von seinen innersten Gefühlen erzählte. Zweifellos durfte ein Arzt nicht am hellichten Tage am Strand von San Blas mitten unter seinen mexikanischen Landsleuten Marihuana rauchen, sagte er. Aber es bestand ebenso kein Zweifel an seinem dringenden Bedürfnis, die Stimmungen und Träume zu erleben, die sich in seinem Geist entfalteten, wenn er Gras rauchte und seinem Schicksal wenigstens kurzfristig entkam. Auf diese Weise konnte er ein Gleichgewicht wahren, den Kompromiß schließen, den jeder eingehen müsse. Niemand könne mehr vom Leben erwarten. Die Dunkelheit brach an, während Rodrigo sprach. Das Meer verschwand. Ein Wind kam auf und trug das Geräusch der Wellen mit sich, die sich an der Dunkelheit brachen. Rita kehrte zu ihrem Lieblingsthema von den vier Lebenskoordinaten und dem Fluß zwischen ihnen zurück, denn offenkundig meinte Rodrigo genau das, wenn er vom Gleichgewicht sprach. Wir versuchten, die Lotusposition einzunehmen, um die Koordinaten miteinander in Einklang zu bringen. Als ein Regenschauer unser Bemühen unterbrach, standen wir auf, um uns mit den am Strand verstreuten Palmenblättern ein Schutzdach zu bauen. Die Regenwolken zogen vorbei, und der Himmel klarte auf. Unter dem Schutzdach liegend, beobachteten wir, wie die Sterne zwischen den Palmenblättern hervorkamen, die wie die Kammzinken über unseren Köpfen angeordnet waren. Als es in den Morgenstunden kalt wurde, verließen wir den Unterstand, um ein Feuer zu machen. Rita schichtete Treibholz auf, Rodrigo und ich schleppten Äste und kleine Bäume für das Lagerfeuer über den Strand. Es spie und knisterte und entzündete sich mit einem Zischen – eine mächtige Feuersbrunst. An der Landspitze von San Blas bauten wir ein Leuchtfeuer, das meilenweit durch die Nacht hindurch sichtbar gewesen sein muß. Wir hatten allen Grund, stolz darauf zu sein. Rodrigo tanzte auf Zehenspitzen und mit glänzenden Augen um das Feuer. Es brannte immer noch, als die Sonne aufging. Der Rauch half, die Moskitos und Fliegen fernzuhalten, die sich in Schwärmen herunterstürzten, sobald es hell wurde. Das Tageslicht brachte Ordnung in die durcheinandergewürfelten Bilder der Nacht. Ein adretter kleiner Mann in einer weißen Jacke, der einen Eimer mit Fischen trug, tauchte wie aus dem Ei gepellt am Strand auf. Er öffnete eine Bude und begann, die roten Schnappbarsche zu braten, die er an jenem Morgen gefangen hatte. Es waren kleine Fische, nicht mehr als

15 Zentimeter lang und so wunderbar gebraten, daß man sie mit dem Kopf in den Mund stecken und das Fleisch von ihrem Rückgrat saugen konnte. Wir saßen am Strand, aßen rote Schnappbarsche und hatten über tausend Meilen hinweg eine klare Aussicht auf den Pazifik. Hinter uns hörten wir die Kirchenglocken von San Blas. Ein Surfer erschien wie ein Phantom aus dem Meer, stand kerzengerade da und fuhr auf den Klangwellen der Glocken um die Strandspitze. Es war sieben Uhr an einem Sonntag morgen.

8

Richard rührte immer noch keinen Alkohol an, als er aus LA zurückkehrte. Nach nur zwei Wochen Abstinenz war er einfach ein anderer Mensch. Sein Gesicht war nicht mehr aufgedunsen, der verdrießliche Ausdruck war verflogen. Seine Haut war straffer geworden. Seine Augen wirkten fröhlicher. Überhaupt war er ein fröhlicherer Mensch. Vor LA war er wie unter einem Schatten im Haus herumgegangen. Nun hatte er das Gespenst der Furcht abgeschüttelt, das ihn vor der Oscar-Verleihung verfolgt hatte, und dadurch wurde die Atmosphäre in der Casa Kimberley für alle leichter.

Er hatte keinen Oscar gewonnen, aber nach seiner eigenen Sicht der Dinge hatte er auch keinen verloren. Der Oscar war John Wayne verliehen worden. In Richards Augen war John Wayne kein Schauspieler, sondern der Inbegriff des Western-Stars, eine populäre Hollywood-Gestalt, die man für Jahrhunderte des loyalen Dienstes an der Filmbranche belohnt hatte. Der gute alte John Wayne, drei Meter groß und gebaut wie ein Kleiderschrank (obwohl es hieß, daß er krank sei), ohne Frage Mr. Nice Guy. Es war nur recht und billig, wenn man ihm eine jener häßlichen kleinen Statuetten verpaßte. Die Entscheidung hätte Richard nicht besser gefallen können. Sie verwies die ganze Frage der Oscars in den Bereich, in den sie nach Richards Meinung gehörte: in die Arena schnöder Hollywood-PR-Events. Hätte einer der beiden anderen gewichtigen Kandidaten in jenem Jahr, Dustin Hoffman und Peter O'Toole, Richard den Titel des besten Hauptdarstellers abgenommen, so wäre es kein Spaß gewesen.

Elizabeth und er hatten Geschenke aus LA mitgebracht. Mit ihrem Mitbringsel für mich löste Elizabeth eine verlorene Wette ein. Hätte Richard einen Oscar gewonnen, hätte ich ihr eine gehämmerte Messingkette besorgen müssen, passend zu den Ohrringen, die ich ihr zum Geburtstag geschenkt hatte. Für den Fall, daß er verlor, hatte sie zwei Hemden gewettet, und da waren sie: durchsichtige Spitzenhemden, eines rot und eines schwarz. Ich probierte sie zu ihrer Begutachtung an. Sie meinte, das schwarze Hemd passe am besten zu der türkisfarbenen Hose mit den Seitenknöpfen, das rote zu der regenbogenfarben gestreiften Hose mit den breiten Aufschlägen, die von der Näherin unten an der Straße maßgeschneidert worden war. In den Monaten in Puerto Vallarta hatte ich eine ziemliche Verwandlung durchgemacht. Bei meinem Eintreffen hatte ich ausgesehen wie ein Seminarist. Nun war ich ein Anhänger dessen, was man den Felipe-Look hätte nennen können: eine Mischung aus Gaucho und Gigolo, aus Flamencotänzer und Toreador. Elizabeth hatte genau die richtige Wahl getroffen.

Als Richard mir die zweibändige Ausgabe des *Oxford English Dictionary* samt Vergrößerungsglas zum Lesen des extrem kleinen Drucks schenkte, wandte er sich an den Seminaristen in mir, aber sein anderes Mitbringsel, ein Senior-Champion-Katapult und eine Kiste Stahlkugeln mit Grüßen von Eduardo Spinks, schien eher für den Toreador gedacht zu sein. Es war eine witzige Kombination, und ich wußte die Überlegung zu schätzen, die in sie eingegangen war. Richard faßte dies in seinem Kommentar zusammen, als er mir die beiden Geschenke überreichte. Beide würden mir auf unterschiedliche Weise helfen, meine Treffgenauigkeit zu verbessern, was, wie er aus unseren Scrabblepartien wußte, für mich genauso wichtig war wie für ihn selbst.

Gleichzeitig trafen Richards Freunde Brook und Liz Williams aus England und die Kinder ein, die Schulferien hatten, und plötzlich war das Haus voll und die Atmosphäre in der Casa Kimberley viel lebhafter als zuvor. Ich mußte mich umstellen. Zuerst ging der Unterricht weiter wie gewohnt, aber nun waren meine Schüler abgelenkt. Sie waren weniger bereit, im Schulzimmer zu sitzen, wenn die Mädchen Ferien hatten, also ließen wir den Nachmittagsunterricht zwei Wochen lang ausfallen.

Außerdem mußte ich mich umstellen, was meine Beziehung zu Richard und Elizabeth betraf. Mit wem außer mir hätten sie in den Wochen sprechen sollen, als keine Gäste in der Casa Kimberley waren? Notgedrungen war ich für beide eine Art Gesellschafter geworden – ein Sparringspartner für Richard und ein Vertrauter für Elizabeth. Aber jetzt konnte sich Elizabeth mit Liz Williams unterhalten. Natürlich spielte Richard Billard mit seinem alten Kumpel Brook und tauschte Anekdoten mit ihm aus. Ich wurde weniger benötigt, und eine Zeitlang bekam ich meine Arbeitgeber seltener zu Gesicht.

Während Richard wenig Interesse an den Aktivitäten innerhalb der Familie zeigte, machte es Elizabeth Spaß, sich der Ferienlaune der Kinder anzupassen. Sie schlüpfte in eine Rolle, die mir neu war. Es war nicht ganz die Mutterrolle, sondern eher die der Prinzipalin. Sie wollte, daß etwas los war – daß Spiele, an denen sie sich häufig beteiligte, und Ausflüge organisiert wurden –, und das Herumkommandieren stand ihr gut. Sie beriet sich mit der Köchin Maria über die Speisen, die den Kindern ihrer Ansicht nach schmecken würden. Die beiden Frauen saßen in der Küche und prüften, mit einem Wörterbuch in der Hand, die Einkaufsliste (seitdem Elizabeth einen Esel verlangt hatte, war Maria spezifischen Bitten gegenüber mißtrauisch). Hamburger, Pfannkuchen, Pommes frites und Hühnerflügel kamen auf die Speisekarte. Ceviche, Gambas und Tortillas gingen. Kisten Coca Cola wurden zu Dutzenden und Kartoffelchips kartonweise bestellt. Die Gefriertruhe war mit Eiscreme in fünf Geschmacksrichtungen vollgestopft. Jim Benton wurde gebeten, Fotonegative bereitzuhalten, damit sich die Kinder die Mondfinsternis ansehen konnten, ohne ihren Augen Schaden zuzufügen.

Bis dahin hatte Elizabeth ganz allein mit Richard, mir und den beiden Jungen fertig werden müssen. Aber nun hatte sie endlich Verstärkung bekommen – ihre Töchter Liza und Maria, Liz Williams und eine Freundin Lizas – und konnte ein Team von fünf Mädchen gegen die Jungen ins Gefecht führen. Wie in Mädchenteams üblich kam es zu konspirativen Vorgängen, wichtiger Geschäftigkeit, getuschelten Geheimnissen und vielsagenden, lächelnden Blicken, besonders in Richtung von Chris und Christopher. Elizabeth war dabei als Prinzipalin ganz in ihrem Element. Sie patrouillierte häufiger durchs Haus und erwischte mich und die Jungen zweimal im Klassenzimmer beim Rauchen. Unglückliche Mädchen kamen schluchzend zu ihr mit Berichten über ihnen zugefügte

Grausamkeiten, und Chris Taylor, der gewöhnlich der Schuldige war, erhielt einen scharfen Verweis. Elizabeths Zurechtweisungen waren äußerst anschaulich, ihre Augen blitzten, und sie verzichtete nicht auf Kraftausdrücke; aber diejenigen, die sie kannten, überzeugten ihre Worte nicht. Chris merkte genau, wenn seine Tante nur schauspielerte.

Es wurde beschlossen, daß der Streit nur durch eine offene Feldschlacht zufriedenstellend beigelegt werden könnte. Wir würden das komplette Mädchenteam in den Swimmingpool werfen und damit den Disput für den Rest der Ferien beenden. Wir begannen mit Maria, dem jüngsten Mädchen. Die Adoptivtochter der Burtons war sehr eigenwillig, sie lebte in einer Welt für sich und blieb für mich immer etwas undurchschaubar. In der Schlacht erwies sie sich als Enttäuschung – sie war ein viel zu enthusiastisches Opfer, das sich ohne unser Zutun mehr oder weniger freiwillig in den Swimmingpool stürzte. Liza und ihre Schulfreundin leisteten erfreulicherweise mehr Widerstand. Sie kreischten, wie es von ihnen erwartet wurde. Liz Williams wurde nicht richtig, sondern eher symbolisch untergetaucht. Sie trug bereits ihren Badeanzug und wartete darauf, daß wir sie endlich hineinwarfen, da sie ohnehin schwimmen gehen wollte.

Die Köchin Maria und die beiden Hausmädchen Victoria und Agrippina waren heruntergekommen, um sich die Schlacht am Swimmingpool anzusehen, und ich meinte, wo wir schon dabei waren, könnten wir auch sie hineinwerfen. Victoria hatte die Kleidung an, die sie zum Putzen trug, und konnte so, wie sie war, getunkt werden, aber Agrippina trug noch ihre besten Sachen. Sie bat um eine Gnadenfrist, bis sie sich etwas Geeigneteres angezogen habe. Raymond gewährte ihr diesen Wunsch und lieh ihr einen von Elizabeths Bikinis. Während Agrippina in eines der Gästezimmer ging, um sich umzuziehen, wuchtete Chris Taylor Maria hinein und wurde selbst untergetaucht. Die Köchin hatte eine Schwäche für ihn und fügte sich mit einem fröhlichen Schrei, wenn Chris sie in der Küche überraschte, sich von hinten an sie heranschlich und die Arme um sie legte. In Notwehr konnten Victoria und Maria ihn nun nach Herzenslust im Swimmingpool malträtieren; bald kamen Agrippina, Christopher und ich hinzu. Am Ende gelang es uns, auch Elizabeth hineinzuschubsen.

Da alle Mädchen im Swimmingpool waren, hatten wir unser Ziel erreicht, aber nun wollten sie sich rächen. Der Kampf setzte sich im Wasser mit neuer Energie und enthüllenden Resultaten fort. Der Bikini, den Raymond Agrippina geliehen hatte, war für einen viel üppigeren Busen als ihren gedacht, und das Oberteil rutschte dauernd nach unten. Während wir im Wasser rangen, lösten sich noch andere Kleidungsstücke. Der Anblick nasser Baumwollhemden, die sich an Körper schmiegten, war genauso verlockend wie der von nacktem Fleisch. Hände packten Beine. Körper stießen zusammen und klebten aneinander. Im Durcheinander war nicht immer deutlich, wer was mit wem anstellte. Aber als mich jemand untertauchte und ich mich vom Boden des Pools abstieß, schaute ich durch das Wasser hinauf auf eine bestickte Bluse, die sich an der Oberfläche aufblähte. Darunter trieben weiße Brüste wie zwei Blumen, und es gab keinen Zweifel daran, daß ich Elizabeths Brüste betrachtete und sie mich erregten.

Am Tag nach den Spielchen im Swimmingpool erzählte Elizabeth mir von einem Traum, den sie in jener

Nacht hatte. Sie und ich waren zusammen im Pool, und sie hatte zu mir gesagt: Lieber David, man kann doch unter Wasser nicht durch die Nase atmen. Das waren ihre Worte. Mehr war an dem Traum nicht dran. Wie seltsam, sagte Elizabeth.

Natürlich war es aufregender, mit Elizabeth in einem ihrer Träume im Pool gewesen zu sein als in dem wirklichen Schwimmbecken der Casa Kimberley. Mir kam der Traum überhaupt nicht seltsam vor. Sie hatte uns in den Traumpool gesteckt, bildete ich mir ein, weil sie uns dort wollte. Gewiß, es gab Spielraum für Mutmaßungen über die Nase, die nicht atmen konnte, und über das Wasser, in dem es unmöglich war zu atmen. Doch es war die Art Traum, die man von Elizabeth erwarten durfte: ein klarer, unkomplizierter Traum nah an dem Ereignis, das ihn ausgelöst hatte. Er spiegelte eine zweideutige Situation wider, in der es buchstäblich Spielraum gab, also auch für Intimitäten, die sie am Ende jedoch als unmöglich ausgeschlossen hatte.

Der Gedanke war ihr also durch den Kopf gegangen.

Der Gedanke war ihr durch den Kopf gegangen, und sie hatte ihn ausgeschlossen.

Dadurch, daß sie mir den Traum erzählte, hatte sie mir den Gedanken mitgeteilt, aber letzten Endes welchen Gedanken? Daß sie gern im Pool mit mir spielen würde? Oder daß es für sie nicht in Frage kam?

Oder war die Sache auch Elizabeth nicht klar, weshalb sie mir den Traum erzählt, ihn an mich weitergegeben hatte – ganz nebenbei, wohlgemerkt, eine Strategie der Verharmlosung, die sie bestimmt nicht bewußt betrieb? Wollte sie herausfinden, ob der Gedanke mir ebenfalls durch den Kopf gegangen war?

Oder spielte sich das alles nur in meiner Phantasie ab? Erotische, wenn auch vage Vorstellungen von Elizabeth und mir waren in mir durch ein Buch aufgerührt worden, das ich während meines Aufenthalts in der Casa Kimberley las: Stendhals *Rot und Schwarz*. Vielleicht war es ein Zufall, daß ich gerade dieses Buch mit nach Mexiko genommen hatte. In *Rot und Schwarz* wird der junge Priester, den der Hausherr als Privatlehrer seiner Kinder in die Familie geholt hat, schließlich zum Liebhaber der Ehefrau. Ich betrachtete meine Lektüre von *Rot und Schwarz* als einen Akt des geheimnisvollen Zusammenwirkens, der sich am besten durch einen altmodischen Begriff aus der Chemie beschreiben läßt: die Anziehung des Bezüglichen.

Es war Rita La Conchita, die mich mit der Frage nach der Art der Anziehung konfrontierte. Wenn ich die Chance hätte, fragte La Conchita mich mehr oder weniger nebenbei am Strand von Yelapa, würde ich dann mit Elizabeth schlafen wollen? Die Frage brachte mich in Verlegenheit. Ich erwiderte, ich wisse es nicht. Ich müsse darüber nachdenken. Rita lachte. Wenn ich erst darüber nachdenken müsse...

Aber natürlich war es etwas, worüber ich nachdenken wollte. Nachdem ich Elizabeth zum ersten Mal begegnet war und ihr die Hand geschüttelt hatte, spielte ich die Szene immer wieder im Geist durch. Ich sah sie, schüttelte ihr die Hand, überlegte, wen ich kennengelernt hatte und ob es zu der Begegnung mit Elizabeth Taylor gekommen war – ob ich sie wirklich getroffen hatte. Dieses Gefühl des Unwirklichen dauerte im Alltagsleben sehr lange an – wenn ich etwas mit ihr trank oder mit ihr plauderte, zusammen mit ihr eine Mahlzeit aß, mir einfach nur ihrer Nähe und all dessen, was sie tat, bewußt war. Handelte es sich um dieselbe Frau, die ich auf der Leinwand bewundert hatte? War sie es *wirklich*?

Ich war es gewohnt, sie im Haus in einem Bikini zu sehen – Bikinis waren ihre Unterwäsche –, aber sie hatte den Swimmingpool fast nie benutzt. Nun erschien sie häufiger am Pool, wobei sie allerdings nicht wirklich schwamm.

Sie ging ins Wasser, ließ sich treiben und schien Gefallen daran zu finden, wenn die Jungen und ich hinzukamen. Manchmal blieben sie und ich im Pool, nachdem die anderen verschwunden waren. Wir setzten die Spielchen fort, die mit der Schlacht am Swimmingpool begonnen hatten. Sie tauchte mich unter. Ich tauchte sie unter. Es sagte ihr überhaupt nicht zu, unter Wasser zu sein, wo man nicht durch die Nase atmen konnte. Sie rächte sich, indem sie mir einen Plastikfrosch hinten in die Badehose steckte, und ich revanchierte mich meinerseits, indem ich den Frosch zwischen ihre Brüste schob. Im Lauf dieser Poolspiele berührten oder hielten wir einander sehr oft. Wir einigten uns auf Feuerpausen, in denen wir uns einfach treiben ließen. Sie war eine üppige Frau, und es war sehr angenehm, sie in den Armen zu halten. Meine Hände ruhten auf ihren Hüften, während wir ein Wasserballett vollführten. Es war alles ganz unschuldig – und wir beide waren uns der Unschuld und der Grenze bewußt, die wir überschreiten würden, wenn wir die Unschuld aufs Spiel setzten.

Einmal gingen wir in die Gästezimmer neben dem Pool, um Handtücher aus dem Bad zu holen. Wir traten aus dem blendenden Sonnenlicht in fast völlige Dunkelheit. Sie blieb in der Badezimmertür stehen, und ich wartete dicht hinter ihr, während sich unsere Augen an die Dunkelheit gewöhnten. Gefällt es dir, wie wir das hier eingerichtet haben, fragte sie, findest du nicht, daß die Kacheln hübsch sind? Sie drehte sich um und blickte mich an. Ein Träger war von ihrer Schulter geglitten. Der Geruch ihrer Nässe und die Fülle ihrer fast entblößten Brust, die sich ganz weiß von ihrem sonnengebräunten Arm abhob, ließen mein Herz schneller schlagen. Ja, sagte ich, es gefällt mir.

Eines Nachmittags, als der Unterricht gerade zu Ende war und die Jungen hinausgegangen waren, kam sie ins Klassenzimmer, wo ich eine Stunde für den folgenden Tag vorbereitete. Störe ich, fragte sie. Sie wollte wissen, welche Fortschritte Christopher mache und ob er im Juni fähig sein werde, die Prüfung für das General Certificate of Education abzulegen. Ich erwiderte, wir hätten nichts zu verlieren. Es sei einen Versuch wert.

Während wir sprachen, lief Elizabeth, wie gewöhnlich in ihrem Bikini unaufhörlich im Zimmer auf und ab. Sie schien unruhiger als sonst. Schließlich kam sie auf das Thema zu sprechen, das ihr eigentlich auf dem Herzen lag. Sie wollte wissen, was ich über Richard dachte. Ob mir aufgefallen sei, wie sehr er sich verändert habe. Ich sagte, die Veränderung sei unverkennbar. Richard trinke nicht mehr und sehe viel besser aus. Ohne Zweifel sehe er besser aus, stimmte sie zu. Aber sie rede von seinem Verhalten. In diesem Moment hörten wir, wie unten das Tor schepperte, und kurz darauf kam Cajo auf seinem Weg nach oben an uns vorbei.

Nirgends in diesem verdammten Haus kann man sich über private Dinge unterhalten, meinte sie verärgert. Alles ist offen, es gibt keine einzige Tür, die sich zusperren läßt. Aber vielleicht läßt sich was machen...

Sie führte mich über die Seufzerbrücke zu dem Zimmer im unteren Haus, wo Richard und ich unsere Scrabblepartien spielten. In einer Ecke, dicht hinter der Bar, war eine Toilette mit so ziemlich der einzigen Tür des Hauses, die sich tatsächlich absperren ließ. Elizabeth ging hinein, und ich folgte ihr. Durch die Entlüftungsrohre an der Wand und die Schlitze an der Tür drang genug natürliches Licht ein, so daß wir keine Lampe einschalten mußten. Da der Raum so viel Licht hereinließ, war er jedoch auch alles andere als schalldicht.

Elizabeth schloß die Tür hinter mir. Hier können wir reden, sagte sie.

Ich stand an diesem kühlen, dunklen Ort und wartete darauf, daß sie zu sprechen begann. Diese Momente mit ihr zusammen waren merkwürdig. Sie schmiedeten ein Bündnis und erinnerten mich an Kinderspiele, die feierliche Geheimhaltung von Verstecken, die Aufregung und Furcht, gefunden und auch *nicht* gefunden zu werden. Es schien ganz natürlich, in dieser Toilette ein vertrauliches Gespräch mit ihr zu führen. Elizabeth wedelte ein wenig mit den Händen, wie sie es manchmal tat, wenn sie nach den richtigen Worten suchte. Und plötzlich strömten sie in einem Schwall hervor.

Richard wirkte irgendwie abweisend, sagte sie. Er schenkte ihr keine Aufmerksamkeit mehr. War das natürlich zwischen Mann und Frau? Wenn man die Hand ausstreckte, um einen Hund oder eine Katze zu streicheln, könnte man dann nicht das gleiche für einen Menschen tun, der einem nahe war? Das war doch das mindeste, um seine Zuneigung zu zeigen. Aber sie glaubte, das sie ihn langweilte. Das war der Grund. Vielleicht wurde sie langsam eine alte Schachtel, und Richard war nicht mehr an ihr interessiert. Denn er rührte sie nicht an. Und das konnte nur bedeuten, daß er keine Zuneigung mehr zu ihr empfinde, nicht wahr?

Elizabeth legte eine Hand auf meinen Arm. Die Sache sei äußerst wichtig für sie. Habe sie denn nicht recht? Könne es eine andere Erklärung für die Kälte eines Mannes geben, der seine Frau derart vernachlässige. Sie war offensichtlich bedrückt und brauchte jemanden, mit dem sie reden konnte.

Ich dachte einen Moment lang nach, um mir eine Antwort auf dieses Geständnis einfallen zu lassen, als ich Richards Stimme vor der Tür hörte.

Ist das Elizabeth?

Sie erstarrte vor Entsetzen.

Ja, sagte ich, das ist sie.

Was, *meine* Elizabeth?

Ja.

Was gab es noch zu sagen? Daß wir hier hineingegangen waren, um über ihre Eheprobleme zu plaudern? Richard wartete ein paar Sekunden lang und entfernte sich dann ohne ein weiteres Wort.

Wenn Richard nicht über die Sache sprechen wollte, hatte ich nicht die Absicht, es meinerseits zu tun. Und er wollte nicht. Damit wurde die Toilettenepisode nie erwähnt.

Elizabeth hatte recht, was seine Veränderung betraf. Seit er mit dem Trinken aufgehört hatte, war er weniger launisch und umgänglicher. Fraglos sah er besser aus, war jünger geworden, es war ihm anzusehen, wie gut er früher ausgesehen hatte. Aber er war auch seltsam unpersönlich geworden. Ich konnte mir vorstellen, daß eine Frau, die ein Schlafzimmer mit ihm teilte, diese Art nicht nur als unpersönlich, sondern als abweisend empfand.

Falls er glaubte, daß zwischen Elizabeth und mir etwas vorging, so ließ er es sich nicht anmerken. Und falls er

Rita La Conchita in ihrem Badezimmer.
Unten: Mit Mogli (li.) und Christopher im Schlepptau spielte
La Conchita Szenen aus ¡Viva Maria! *nach.*

Blick von der Paßhöhe auf dem Weg nach San Blas

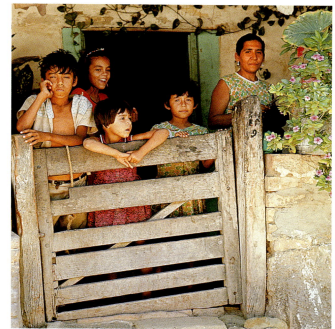

Venezuela (2. v. li) mit ihrer Mutter und ihren Geschwistern

Der Großvater

Im Haus von Venezuelas Familie teilten sich Menschen, Hunde und Schweine den Schatten.

Ein typisch mexikanischer, reichverzierter Sattel

Der Pilot, um das Wohlergehen seiner Passagierin bemüht, lud sie ins Cockpit ein...

...damit sie aus der Vogelperspektive einen Blick auf ihren neuen Landbesitz werfen konnte. Wir wurden auf einen Pickup verladen. Richard und Brook, an solche Auftritte von Agenten sterben einsam gewohnt, zeigten uns, wie es ging.

Richard, Elizabeth, Carlos und Mogli (von li.) auf der letzten Etappe zur Ranch. Ein ortskundiger Vierbeiner führte spontan die Kavalkade an.

mir feindselig gesinnt war, so spürte ich nichts davon. Im Gegenteil, ich hatte den Eindruck, daß er die Anzeichen von Intimität nicht nur duldete, sondern sogar Genugtuung daraus bezog.

Etwa zur Zeit dieses Vorfalls vertraute Richard mir zwei Geschichten über Elizabeth an, die beide mit Ereignissen in Oxford zu tun hatten. Die erste handelte davon, wie sie als sein Gast bei einem College-Dinner am Professorentisch Platz genommen hatte. Es war ein Bild für die Götter gewesen, sagte Richard mit einem boshaften Lachen, wie all die geilen alten Dozenten ihre Krawatten in die Suppe tunkten, als sie sich vorbeugten, um ihr besser ins Dekolleté schauen zu können.

Die zweite Anekdote betraf eine Vorführung von Marlowes *Faustus* im Oxford Playhouse, die von unserem gemeinsamen Freund Nevill Coghill inszeniert wurde. Richard spielte die Titelrolle, und Elizabeth hatte einen Auftritt als schöne Helena. Es war eine Statistenrolle, und Elizabeth mußte die Bühne nackt in einem solchen Winkel überqueren, daß das Publikum sie nur von hinten sehen konnte. Doch wäre sie völlig nackt gewesen, hätten alle in den Kulissen eine Frontalansicht von ihr gehabt. Es wurde ein raffiniertes Kostüm entworfen, durch das sie von hinten nackt wirkte, während sie vorn bedeckt war. Allerdings bestand die Gefahr, daß es herunterrutschte und alles enthüllte.

Die Nachricht von diesem Kostüm machte die Runde und sorgte im voraus für so viel Aufregung, sagte Richard, daß am Premierenabend fast mehr Menschen hinter der Bühne als im Zuschauerraum waren. Er hatte von Leuten gehört, die das Dreifache des Preises der besten Plätze im Parkett für einen Stehplatz in den Kulissen und die Chance bezahlten, einen Blick auf das verrutschende

Kostüm zu erhaschen. Zufällig saß ich selbst damals im Parkett des Oxford Playhouse, da Nevill Coghill mich zu der Aufführung eingeladen hatte. Bei dieser Gelegenheit hatte ich meine künftigen Arbeitgeber zum ersten Mal leibhaftig gesehen, und es war ein denkwürdiges Ereignis: Richard in Wams und Kniehose und Elizabeth scheinbar völlig unbekleidet.

Warum erzählte Richard mir diese Geschichten? Fühlte er sich genötigt, damit zu prahlen, wie begehrenswert seine Frau war? Oder war er zynisch und wollte mir damit sagen, daß alle Männer letzten Endes nur das eine im Sinn hätten und daß ich auch nicht anders sei?

Richards Beschreibung des Dinners mit den Oxforder Universitätsprofessoren, die sich die Lippen nach seiner Frau leckten, erschien mir glaubhaft. Ohne Zweifel hatte er das Ereignis genossen. Es hätte aus einem Drama von Jonson oder Molière stammen können. Richard war der Moralist, der an den Strippen zog, der Marionettenspieler hinter der menschlichen Komödie, der veranlaßte, daß seine Frau, eine weltberühmte Schönheit, nackt in einer Statistenrolle auftrat, noch dazu in einem Provinztheater. Richard hatte Elizabeth zur Schau gestellt, sie als Lockvogel benutzt, um die ach so hehren Oxforder Heuchler zu entlarven und die Wollust, die Schwäche, die Fehlbarkeit der Männer aufzuzeigen.

Was mir hier unheimlich vorkam, waren die Parallelen zwischen Elizabeths wirklichem Leben und ihrem Leben auf der Leinwand, wo sie Marionettenspielern, die sie als Lockvogel für ihre eigenen Zwecke benutzten, häufig als Instrument gedient hatte. Richards Anekdoten erinnerten mich an Marlon Brando, Elizabeths Filmgatten in *Spiegelbild im goldnen Auge*, und Montgomery Clift, ihren Partner in *Plötzlich im letzten Sommer*. Beide Filme handelten von heimlichen Homosexuellen, die eine schöne Frau als Köder einsetzten, um Männer für sich selbst anzuziehen.

Nach Elizabeths Darstellung jedenfalls begehrte Richard sie nicht mehr. Ich hatte den Eindruck, daß es ihm als Ersatzbefriedigung diente, die schöne Helena, Kleopatra, den Preis des Bergmannssohns, so eindeutig von anderen begehrt zu sehen. Dies stünde im Einklang mit der Weltanschauung, die der trunksüchtige, deprimierte und misanthropische Richard Burton vertrat, den ich in den ersten Wochen in der Casa Kimberley kennengelernt hatte. Er hatte den bösen Geist ausgetrieben, der ihn verfolgt hatte, den Oscar an John Wayne verloren und war ohne Bedauern zur Tagesordnung übergegangen. Als er aufhörte zu trinken, sah ich darin einen Wandel zum Besseren, aber es war dieser ausgenüchterte Richard, dem Elizabeth sich entfremdet fühlte.

Während meine Beziehung zu ihr vertrauter wurde – vielleicht als eine reflexartige Kompensation für die verlorene Intimität mit ihrem Mann –, verbesserte sich auch mein Verhältnis zu Richard. Ich vermutete, unsere Freundschaft sei nicht trotz, sondern wegen meiner zunehmenden Vertrautheit mit Elizabeth gewachsen. Vielleicht diente mein Eintreffen auf der Privatbühne der Casa Kimberley, als die Ehe zu zerbrechen begann, zur Ablenkung und bremste den Auflösungsprozeß.

Das waren die Phantasien, denen ich mich hingab. Weich gestimmt durch die zunehmende Sommerhitze und die sie begleitende Mattigkeit, genoß ich die Sinnlichkeit des Lebens in der Casa Kimberley, das Verstreichen der Wochen fast ohne jeden Laut aus der Außenwelt, und ich träumte von den Projekten, bei denen ich mit Richard zusammenarbeiten würde, wenn wir Mexiko verließen und mein Jahr als Privatlehrer endete. Da war *Der Teufel und der liebe Gott*, ein Stück von Sartre, das er immer hatte spielen wollen. Er würde die Titelrolle spielen – an dieser Stelle lachte Richard –, nicht Gott, der war langweilig, sondern den Teufel, der ihn viel mehr reizte. Richard hatte keine der bisherigen Übersetzungen gefallen, und er meinte, daß ich eine neue für ihn anfertigen könne. Es war auch die Rede davon, einen Camus-Roman zu verfilmen. Vielleicht würde ich die Vorteile von Richards Protektion genießen wie Brook Williams, der Nebenrollen in Filmen erhielt, in denen Richard die Hauptrolle spielte. Wenn ich daran interessiert war, Regie zu führen, könnte er eine Aufgabe im Filmstudio für mich finden und mich später vielleicht als Regieassistent heranziehen. Ich war zweiundzwanzig Jahre alt und träumte die Träume eines jungen Mannes, in denen alles noch im Fluß war und nichts unmöglich erschien.

9

Von der Casa Kimberley aus gesehen, war die übrige Welt dazu da, uns zu unterhalten oder zumindest unseren Bedürfnissen zu dienen. Und unseren Bedürfnissen mochte es dienen, die Welt einfach warten zu lassen. Nachdem sich Richard und Elizabeth der Trägheit des mexikanischen Lebens ergeben hatten, der Hitze, der Müßigkeit, der betäubenden Wirkung gleichbleibender Tage, die sie mehr oder weniger nackt in der Abgeschiedenheit der Sonnenterrasse verbrachten, bedurfte es eines ziemlichen Anstoßes von außen, damit die beiden ihre Gewohnheiten änderten.

Das Erscheinen von Jim Benton im Haus kündigte gewöhnlich eine neue Unternehmung an, sei es nur, daß er Richard und Elizabeth fragte, was er in ihrem Auftrag tun solle. Jim erzählte mir, einmal sei es dringend nötig gewesen, daß Richard ein paar Dokumente unterzeichnete, denn jeder Tag, an dem er es versäumte, habe ihn Zehntausende von Dollars gekostet. Ein oder zwei Wochen lang war Richard dazu nicht in der Stimmung. Jim seufzte. Nicht, daß es Richard irgend etwas ausgemacht hätte, aber er lasse einen ähnlichen Gleichmut erkennen, was die Einladung betraf, die Jim vom mexikanischen Verteidigungsminister erhalten hatte. Wollten Richard und Elizabeth die Einladung annehmen oder nicht? Ein Monat war verstrichen, und Jim hatte Seiner Exzellenz noch keine Antwort mitteilen können. Schließlich signalisierte Jim Interesse, sagte jedoch noch nicht zu. Das Interesse genügte dem Ministerium, ein Flugzeug der mexikanischen Luftwaffe samt Besatzung nach Puerto Vallarta zu schicken. Der Kapitän hatte den Befehl, in Einsatzbereitschaft zu bleiben, bis die beiden Gringo-Filmstars gewillt seien, an Bord zu gehen. Laut Jim hoffte der Minister, daß die physische Gegenwart der Maschine und der Besatzung am örtlichen Flughafen den Entscheidungsdruck auf seine Gäste erhöhen werde, aber der Minister hatte sich geirrt. Weitere zehn Tage lang trödelten sie im Haus herum, spielten Scrabble und amüsierten sich im Swimmingpool mit Plastikfröschen, während die einsatzbereite Mannschaft am Flughafen die erste Hitzewelle des mexikanischen Sommers durchschwitzte. Was diese erzwungene Untätigkeit den einheimischen Steuerzahler kostete, war nicht unsere Sache. Richard, *comme moraliste*, machte es vielleicht Spaß, seinen Status als Star zu nutzen, um dem Minister eine Lektion über den Mißbrauch von Machtprivilegien zu erteilen.

Gerade die Frage des Machtmißbrauchs könnte einer der Gründe für sein Zaudern gewesen sein. Richard war einfacher Herkunft, er hatte demokratische Instinkte und trotz der Insignien des Reichtums, die ihn umgaben, einen einfachen Geschmack. Vielleicht wollte er den Vorschlag des Ministers erst prüfen, bevor er sich darauf einließ.

Zu der Zeit, als ich bei Richard und Elizabeth in der Casa Kimberley wohnte, wurde Mexiko von der seit langem herrschenden Institutionellen Revolutionspartei regiert, aber die Revolution hatte den General nicht davon abgehalten, sich einen 10 000 Hektar großen Küstenstreifen abzuzwacken, angeblich, um einen Spielplatz für Millionäre daraus zu machen. Die Verwaltung dieses Projekts überließ er seinem Sohn Carlos. Dieser hoffte offenbar, Geldsäcke zu ködern: mit Richard Burton und, wohl noch unwiderstehlicher, Elizabeth Taylor, die eine der bekannten Lockvogelrollen spielen sollte. Elizabeth und Richard würden ein Stück des hochwertigen mexikanischen Küstenlandes erhalten, um sich dort ein Haus zu bauen und wenigstens nominell darin zu wohnen, womit sie ihren Freunden, dem Minister und seiner Familie, einen Gefallen erweisen konnten. Was RB & ET für die mexikanische Tourismusindustrie wert waren, hatten sie durch den Aufschwung von Puerto Vallarta bewiesen. Der General setzte darauf, daß sie für das Projekt auf seinem Grundstück ähnliches leisten würden.

Jim Benton meinte allerdings, daß all das Geschäftsgerede nur ein Vorwand war. Darum ginge es gar nicht. Der General und sein Sohn waren nichts weiter als besessene Fans, die ihre Idole kennenlernen wollten.

Draußen auf der geschmolzenen Rollbahn stand ein umgebautes Truppentransportflugzeug in grüner Tarnfarbe für uns bereit. Wir waren zu acht: Richard, Elizabeth, Brook und Liz Williams, Chris W., Chris T., Jim Benton und ich. Die Besatzungsmitglieder schwitzten in ihren Uniformen und wirkten verärgert; nachdem sie eine Woche lang auf uns gewartet hatten, konnte man es ihnen nicht verübeln. Ein paar recht bedrohliche Typen mit Maschinengewehren, die in Kampfanzügen durch die Büsche strichen, beunruhigten uns ein wenig, auch wenn sie, wie ein Adjutant sagte, zu unserem Schutz da waren. Wir waren erleichtert, als er uns mitteilte, daß es sich um eine von der örtlichen Kaserne abgeordnete Einheit handelte, die nur Bodenschutz leisten sollte und nicht mit uns fliegen würde.

Ich bemerkte, wie die militärische Umgebung auf Richard abfärbte. Sie weckte den Soldaten in ihm, eine Rolle, die er in seinen Filmen so oft wie die des Priesters – und wohl mit der gleichen Begeisterung – gespielt hatte. Als ich hinter ihm in die Maschine stieg, fiel mir auf, wie er sich aufrichtete und seine Hand zum militärischen Gruß ansetzen wollte. Es hätte mich nicht überrascht, wenn er sich umgedreht und mich gefragt hätte, was »Startvorbereitungen fortsetzen, Kapitän« auf spanisch hieß.

So wie die Anwesenheit von Militärs Richard zu einer Demonstration stählerner Männlichkeit veranlaßte, so schien der Anblick starker Männer in Uniform Elizabeth zu einer Pose anschmiegsamer weiblicher Wehrlosigkeit zu animieren, einem »Wie dankbar ich für ihren Schutz bin«-Gehabe, das sie mit einem leichten Flattern ihrer Augenlider vermitteln konnte. Sie war eine bessere Schauspielerin, als man ihr zugute hielt.

Die Maschine war so konstruiert, daß sie kaum höher als tausend Meter fliegen konnte. In der Kabine gab es keinen Druckausgleich, und wir schepperten in den Luftlöchern herum wie Kleingeld in einer Hosentasche. Niemand machte sich die Mühe, uns etwas zu trinken anzubieten. Es war so laut, daß wir unser eigenes Wort nicht verstehen konnten und uns mit Zeichen verständigen mußten. Der Adjutant zeigte Elizabeth die Luke für die Fallschirmspringer. Er bot ihr an, die Luke zu öffnen, um ihr die atemberaubende und wohl auch schwindelerregende Aussicht zu zeigen, aber sie winkte nachdrücklich ab. Die kleine Szene ließ sich ausbauen.

Richards und Brooks Blicke trafen sich. Richard fuhr sich mit einem Finger über die Kehle, und beide grinsten. Die Geste bezog sich, wie ich vermutete, auf die Abschlußszene in *Agenten sterben einsam*, einem von Richards paramilitärischen Unternehmen, das er nur ein Jahr zuvor mit Brook in einer kleinen Nebenrolle gedreht hatte. Auf dem Rückflug im Rumpf eines Truppentransporters, fordert Richard den von ihm entlarvten Spion auf, zwischen den beiden Möglichkeiten zu wählen: die Heimkehr und der Tod durch den Strang oder die ehrenvolle Lösung, nämlich durch die Luke aus dem Flugzeug zu springen. Diese Art der Beseitigung unerwünschter Personen erfreute sich damals, wie es hieß, in lateinamerikanischen Ländern wachsender Beliebtheit.

Elizabeth war natürlich eine sehr erwünschte Person, weshalb der Pilot sie ins Cockpit einlud und zwei Runden über der von uns angesteuerten Küste drehte, damit sie aus der Vogelperspektive einen Blick auf das Grundstück werfen konnte, das sie am Boden näher inspizieren würde. Piloten luden sie ständig in Cockpits ein, um ihr die Sicherheit des jeweiligen Flugzeugs zu demonstrieren, genau wie Polizeichefs in allen Städten Pilgerfahrten zu ihrer Hotelsuite unternahmen, um sie über die zu ihrem Schutz getroffenen Maßnahmen zu unterrichten. Männer, besonders Männer in einer Machtposition, bemühten sich stets sehr um ihre Bequemlichkeit. Keine Anstrengung war zu groß. Das Gefühl persönlicher Verantwortung der Männer war bewundernswert. Wir lebten auf einer freundlicheren Welt, als ich je gedacht hatte. Wenn ich mit Elizabeth unterwegs war, lernte ich nur Leute kennen, die nicht rücksichtsvoller hätten sein können. Nichts konnte sie besser, als mit Menschen umgehen. Sie wertete sie auf, gab ihnen das Gefühl, besser zu sein als in Wirklichkeit. Obwohl sie ehrlich dankbar war für das, was man für sie tat, nahm sie den amüsanten Aspekt durchaus zur Kenntnis. Ich glaube, sie wußte, daß die Dinge, die andere für sie taten, auch deren eigenem Nutzen dienten.

Elizabeth löste gewaltigen Rummel unter den Adjutanten des Generals aus, als sie bei der Landung ein weißes Pferd entdeckte, das vielleicht 150 Meter unter uns in einer Herde dahingaloppierte. Seht mal! Was für ein schönes Pferd! *Caballo!* Sie hatte das richtige Wort gefunden, nicht Esel oder Butter, sondern Pferd.

Die Männer des Generals eilten zu den Fenstern, um den Standort zu prüfen und das Tier, das die Señora bewundert hatte, zu identifizieren. Aber wir flogen bereits über dichten Dschungel, und eine Landebahn aus Sand kam uns rasch entgegen. Wir trafen mit einem heftigen Schlag am Boden auf, und die Maschine hüpfte mehrere Male, bis wir zum Stillstand kamen.

Ein eindrucksvolles Empfangskomitee erwartete uns. Ein großer, düsterer Mann mit einer Hakennase – etwa dreißig Jahre alt, schätzte ich – setzte sich über sein mißmutiges Wesen hinweg, um seine Gäste mit einem nicht gerade strahlenden Lächeln willkommen zu heißen. Er schien sich unbehaglich zu fühlen, und das war, wie ein Hinken, ein Zustand, den er auch bei näherer Bekanntschaft nicht ablegen würde. Der Mann verkündete, er sei Carlos, und fügte zu unserer Information hinzu: der Sohn des Ministers. Vielleicht war es Carlos' Problem, ein Sohn zu sein, der stets an den Maßstäben seines Vaters gemessen wurde. Der Minister selbst sei an diesem Wochenende wegen einer Unpäßlichkeit indisponiert, weshalb es dem Sohn schändlicherweise überlassen sei, uns die herzlichste Gastfreundschaft im Namen des Patrons zu erweisen. Das wenige Spanisch, das wir acht miteinander teilten, reichte nicht aus, diese blumigen mexikanischen Floskeln zu bewältigen, und da Carlos nicht über die geringsten Englischkenntnisse verfügte, wurde alles, was er sagte oder was wir zu ihm sagten, von einem Dolmetscher übermittelt. Die Gespräche setzten sich träge wie ein Panzermanöver fort, während Elizabeth wie immer aufmunternd lächelte.

Pritschenwagen beförderten uns auf der ersten Etappe unserer Reise zur Ranch. Der Fahrer, der Elizabeths Sicherheit garantieren wollte, sorgte dafür, daß sie im Führerhaus neben ihm untergebracht und nicht auf der Ladefläche hin und her geschüttelt wurde, obwohl sie lieber auf der Ladefläche gesessen wäre. Es war eine kurze Fahrt über einen holprigen Weg, der an einer Lagune endete. Dort warteten Kanus auf uns, mit denen wir die zweite Etappe unserer Reise über das Wasser zurücklegen würden. Carlos ließ sich mit einem Plumps an einem Ende eines Kanus nieder, Elizabeth saß am anderen, dazwischen ich und der Dolmetscher und je ein Paddler vorn und achtern.

Unterwegs wurden uns weitere Beispiele von Carlos' blumenreichem Stil dargeboten, gewiß prächtige Liebenswürdigkeiten in der Originalsprache, die im Englischen jedoch ein bißchen wie Befehle klangen. Ob diese Lagune der Señora gefalle? O ja, sie sei wunderschön und das Wasser so klar. Die Señora werde sie also huldvoll und unanfechtbar als Geschenk annehmen, und sobald wir die Ranch erreichten, würden unvergängliche Besitzurkunden von einem Notar aufgesetzt und unterzeichnet werden. Wie freundlich von Ihnen, sagte Elizabeth und ignorierte mein Grinsen. Es gelang ihr, keine Miene zu verziehen, als ich ein Foto machte, auf dem sie meiner Meinung nach besonders schön aussah. Dann aber, als niemand hinschaute, kniff sie mich und brach in einen als Husten verschleierten Lachanfall aus, als Carlos aus dem Kanu kletterte und im Schlamm steckenblieb.

Auf der letzten Etappe unserer Reise hatten wir die Wahl, auf einem Anhänger zu fahren oder zu reiten – Carlos hatte seine Hausaufgaben gemacht. Später, beim Mittagessen sollte er zugeben, daß er *National Velvet*, Elizabeths Filmdebüt als dreizehnjährige Reiterin, unzählige Male gesehen hatte. Der Film sei – unvermeidlich – *muy emocional*, sagte Carlos, und Elizabeths blaue Augen blitzten aufmunternd in seine Richtung, *muy fuerte*. Als Junge hatte der Film ihn zum Weinen gebracht, und es hatte nicht viele Dinge gegeben, nicht einmal in seiner Kindheit, die dem Generalssohn Tränen hätten entlocken können. Die Männer um ihn herum nickten ernst.

All dieses Fachsimpeln über Pferde, all die Männer, die sich am Strand der Lagune um Elizabeth drängten, die der Señora verschiedene Rösser zur Auswahl anboten, Steigbügel für sie hielten und Sattelgurte für sie strafften – der arme alte Señor blieb mehr oder weniger sich selbst überlassen. Richard wurde wieder einmal die Show gestohlen, und es mißfiel ihm. Hätte nichts dagegen, auch zu reiten, sagte er mürrisch. Man holte ein Pferd für ihn, aber niemand dachte daran, ihm hinaufzuhelfen. Die Mexikaner schauten teilnahmslos zu, als er seinen Fuß in den Steigbügel zwängte. Vielleicht werde ich langsam ein bißchen alt für solche Scherze, sagte Richard – es war eine Formulierung, die er im Jahr zuvor in *Agenten sterben einsam* benutzt hatte – und hievte sich mit einem Ächzen in den Sattel. Jim Benton lächelte mit einer Spur Schadenfreude, wie mir schien. Er und die meisten anderen hatten sich klugerweise für eine Fahrt auf dem Anhänger entschieden.

Chris Taylor und ich hatten nur mehr die Wahl zwischen den beiden übriggebliebenen Pferden. Bevor ich aufstieg, rief Elizabeth mich heran. Hier, sagte sie und zog sich sämtliche Ringe von den Fingern. Könntest du die für mich einstecken, David? Ich steckte die Ringe in die Tasche meiner Jeans und überlegte, wieviel sie wert sein mochten und ob die Versicherung auch Jeanstaschen mit Löchern abdeckte.

Als Junge war ich hin und wieder reiten gewesen, ohne jemals mehr an Einführung zu bekommen, als daß ich aufsteigen und loslegen sollte. Aber selbst diese dürftige Erfahrung bei gelegentlichen Besuchen von Freunden auf einer Farm lag zehn Jahre zurück. Das mexikanische Pferd, das ich nun bestieg, war zweifellos mit etlichen kundigen Reitern vertraut und wird sich, als ich im Sattel landete, ein Grinsen nicht verkneifen haben können. Es wieherte freudig, bog vom Pfad ab und steuerte auf das Gestrüpp in der entgegengesetzten Richtung zu, die alle anderen eingeschlagen hatten.

Die Kamera in einer Hand, die Zügel in der anderen, schlingerte ich hin und her, während das Pferd sein privates Hindernisrennen durch den mexikanischen Busch begann. In den nächsten zehn Minuten war ich ganz allein irgendwo dort draußen und klammerte mich nach Leibeskräften an den Pferderücken. Ich dachte, mein jähes Ausbrechen von der Lichtung würde einen Trupp Gauchos veranlassen, mir nachzujagen und mich zurückzuholen, aber sie wußten wohl, wohin die von diesem rebellischen Pferd bevorzugte Abkürzung führte. Matt vor Lachen erwarteten sie mich ein oder zwei Meilen weiter auf dem Pfad, wo das Pferd und der unglückliche

Reiter wieder zu ihnen stießen. Zumindest war ich nicht hinuntergefallen, aber das schienen mir genug Reitkunststücke für einen Morgen, und ich setzte mich für den Rest des Weges zu den anderen auf den Anhänger. Carlos, Elizabeth, Richard und Chris trabten hinter uns her, eine wohlgeordnete Kavalkade mit einem kleinen weißen Hund, der sich als Vorhut zur Verfügung gestellt hatte.

Der Pfad führte durch Meilen von Zuckerrohrfeldern zu einer Ansammlung von Gebäuden mit dazugehöriger Pferdekoppel. Zu zwölft setzten wir uns zum Mittagessen an einen massiven Holztisch in einem luftigen Saal, in dem man alle Türen und Fenster geöffnet hatte. Carlos, flankiert von Handlangern, thronte am Kopf des Tisches. Der Dolmetscher saß auf einem Stuhl ein wenig zurückgesetzt, von wo aus er Carlos bei seinem Tête-à-tête mit Elizabeth diskret zu Diensten sein konnte. Richard und uns übrige hatte man so weit wie möglich von den beiden entfernt gesetzt. Carlos hatte die Heldin von *National Velvet* nur so auf sein Anwesen locken können, indem er sieben Begleiter mit einlud, die ihm nicht gleichgültiger hätten sein können, und die Sitzordnung beim Mittagessen machte dies klar.

Carlos war kein großer Redner. Vielleicht erweckte sein Gast so große Ehrfurcht in ihm, daß es ihm die Sprache verschlug. Unbeweglich wie ein Bildnis und auch ein bißchen unheimlich mit seinen massiven Schultern und der Hakennase, saß er schweigend am Tisch und musterte finster die marinierten Fischvorspeisen. Wohl nur um das Schweigen zu brechen, kam Elizabeth auf das *caballo blanco* zu sprechen. Sie hatte den Schimmel aus einer Höhe von über 150 Metern aus der Luft erspäht und konnte ihn also nur ganz kurz gesehen haben, aber nun baute sie das Thema richtig aus. Was für ein prächtiger Anblick, jenes herrliche Tier, das sie unten in der Herde hatte laufen sehen! Der Dolmetscher zeigte sich der Gelegenheit gewachsen, als hänge sein Leben davon ab, und ließ das Tier auf spanisch noch prächtiger und herrlicher klingen. Carlos bellte einen Befehl. Einer seiner Männer stand auf. Ein Trupp werde sofort hinausreiten, um das Pferd zu suchen, erklärte Carlos. Wenn nötig, werde man ein Flugzeug einsetzen, um es aus der Luft ausfindig zu machen. Man werde keine Mühe scheuen, um das *caballo blanco* auszumachen und zur Ranch zurückzubringen. Elizabeth sah ihn entgeistert an.

Das Mittagessen, ein gewaltiges Gelage, dauerte zwei Stunden. Verschiedene Wildvögel, ein Spanferkel, ein Kaninchen und ein Schwertfisch erschienen auf der Tafel, die, wie sich herausstellte, nur einstimmen sollten auf die alle Rekorde brechenden heißen Eintöpfe mit klangvollen Namen wie *alubias* und *callos*, scharfe Spezialitäten aus dem Baskenland, aus dem die Vorfahren des Ministers ebenso wie die Eintöpfe zu stammen schienen. Bald troff die Tischdecke vor Fett und die Gäste vor Schweiß. Ich fragte mich, ob Carlos dem Menü weitere Gerichte hinzufügte, um die Mahlzeit zu verlängern und Zeit zu gewinnen. Es würde Eindruck machen, wenn man gleichzeitig zu Kaffee und Likör das *caballo blanco* servierte. Wie sich zeigte, lag ich gar nicht so falsch.

Der Mann, der den Tisch während der marinierten Fischvorspeisen verlassen hatte, kehrte zum Karamelpudding zurück. Unterdessen war tatsächlich ein Suchflugzeug entsandt worden. Es hatte das Pferd ausfindig gemacht und seine Position einem Trupp Gauchos gefunkt, der hinausgeritten war, um es zur Ranch zu bringen, wo es nun auf der Koppel hinter dem Haus der Begutachtung harrte.

Es gebe jedoch ein Problem, erklärte Carlos Elizabeth, als wir endlich von der Tafel aufstanden und uns hinausbegaben. Der Schimmel habe aus der Luft vielleicht sehr rassig ausgesehen, aber aus der Nähe erweise er sich als ziemlich räudiges Tier. Es wäre eine Schande für einen Ehrenmann, einer so schönen Reiterin ein derart elendes Geschöpf zum Geschenk zu machen, weshalb er Elizabeth bitte, sein eigenes Pferd als Ersatz zu akzeptieren. Und da stand es, nicht ganz auf der Türschwelle, aber nicht weit davon entfernt: ein weißer Hengst, der an einen Baum vor dem Haus gebunden war.

Carlos führte uns hinaus zum Gehege durch ein Zimmer, in dem ein mit Silber eingelegter Sattel mit dazugehörigen Steigbügeln auf der Lehne eines wuchtigen alten Stuhles zur Schau gestellt war. Was könne man mit dem besten Pferd anfangen, wenn man nicht den dazu passenden Sattel habe? Da hatte er natürlich recht. Ich hatte meine Erfahrung mit mexikanischen Sätteln gemacht und wußte, daß hier ein Urteil ausgesprochen worden war, dem man sich nicht würde entziehen können. Unzweifelhaft würde Elizabeth Pferd und Sattel als Zeichen von Carlos' Wertschätzung annehmen müssen. Einer seiner Gauchos würde den Hengst nach Puerto Vallarta reiten. Der Mann würde sofort in den Sattel steigen und aufbrechen. Wir könnten mit der Zustellung des Pferdes in einer Woche rechnen.

Carlos entledigte sich dieser Gaben auf eine sehr gebieterische Art, als teile er nicht Geschenke, sondern Befehle aus, denen Elizabeth zu gehorchen hatte. Durch die Annahme tat sie weniger sich selbst als ihm einen Gefallen. Sie versuchte anzuführen, daß sie das Pferd nirgends unterbringen konnte und kaum Möglichkeiten hatte, es zu reiten, aber Carlos wollte nichts davon hören.

Nach dem Mittagessen auf der Ranch flogen wir weiter zum Abendessen im Palast, der bescheidenen Absteige des Ministers in Guadalajara. Als wir vor dem Essen einen Spaziergang machten, wurden mit Maschinengewehren bewaffnete Männer zu unserer Begleitung abgeordnet. In der Nachbarschaft mochte man uns gesehen haben, aber wir sahen nichts von der Nachbarschaft. Unter diesen Umständen war es schwierig, Sehenswürdigkeiten zu besichtigen.

Mittlerweile hätten wir wissen müssen, daß wir, wenn wir etwas in Carlos' Hörweite bewunderten, Gefahr liefen, es als Geschenk aufgebürdet zu bekommen. Richard bestaunte unbedacht zwei in den Palastgärten stolzierende Pfauen und entging nur knapp, sie als Souvenirs mit nach Wales nehmen zu müssen. Danach schritten wir stumm durch das übrige Palastgelände und blieben in der Sicherheit unserer Zimmer, bis es Zeit zum Dinner wurde.

Es war eine großartige Angelegenheit, weniger ihrem Unterhaltungswert nach als ihrer Feierlichkeit. Zehn Bewunderer von Mr. & Mrs. Richard Burton, ausschließlich Männer, zehn mexikanische Granden, die mit ihren schwarzen Hüten und mit Silberknöpfen versehenen Westen sehr würdevoll aussahen, während sie ihre Panatellas pafften, waren in den Palast eingeladen worden: zu einer Totenwache von einem Essen in einem mausoleumsähnlichen Speisesaal. Der Fußboden und sämtliche Wände waren marmorn. Eine riesige Mahagonitafel, eingerahmt von massiv silbernen Kerzenhaltern, die angeblich einst den Altar einer Kathedrale in Spanien erleuchtet hatten, nahm den größten Teil des Raumes ein.

Die Kerzen waren die einzige Lichtquelle in der Düsterkeit dieses Banketts oder, besser gesagt, der Bankette, denn in Wirklichkeit fanden zwei statt. Die Granden auf ihrer Seite des Tisches waren durchaus daran interessiert, Elizabeth zu begutachten, die mit einem großzügigeren Dekolleté, als sie verdient hatten, auf unserer Seite saß, aber damit erschöpfte sich die Kommunikation über die Tafel hinweg, denn keiner von ihnen sprach ein Wort Englisch. Wenn nur Blicke hätten sprechen können – doch leider konnten sie es nicht. Die Granden blieben zumeist stumm oder unterhielten sich untereinander. Entschlossen, sie genauso unverwandt zu ignorieren wie sie ihn, begann Richard mit mir ein Gespräch über britische Hofdichter und deren zuweilen abscheuliche Verse zu führen – es wäre schwierig gewesen, ein Thema zu finden, das ein mexikanisches Publikum noch weniger interessiert hätte. Wie üblich kannte Richard ein passendes Zitat, das er sich bis zum Ende der Mahlzeit aufsparte. Dröhnend schickte er es über die Tafel in Richtung der Granden, die nun endlich von ihm Notiz nehmen mußten.

Señores, donnerte Richard, um ihre Aufmerksamkeit auf spanisch zu wecken, bevor er auf englisch fortfuhr. Hier in Mexiko sei man vielleicht nicht mit der einzigartigen britischen Institution des Hofdichters vertraut: königliche Schreiberlinge, na gut, aber trotzdem Schreiberlinge, die in ihren Hymnen auf die Monarchie einige der schlimmsten literarischen Verbrechen in der Geschichte der englischen Dichtung begangen hätten. Der folgende Zweizeiler aus einer Bekanntmachung einer Krankheit von Georg V. – vielleicht war es auch Georg VI. – liefere ein Beispiel, das Richard besonderes Entzücken bereite:

Übern elektrischen Draht ertönt die Kund':
Vermutlich wird der König bald gesund.

Richard lehnte sich im Stuhl zurück und bedachte die Granden, die ihn entgeistert über den Tisch hinweg anstarrten, mit seinem boshaften Haifischgrinsen.

Während die anderen früh in ihre Zimmer flohen, akzeptierte ich die Einladung eines von Carlos' Adjutanten, mich mit einigen seiner Freunde in der Stadt zu vergnügen. Alle wurden von Freundinnen begleitet, und man hatte freundlicherweise eine für mich mitgebracht. Sie hieß Inma, kurz für Inmaculada, was die Makellose bedeutet. Inma sagte, sie sei Tänzerin. Für eine Tänzerin kam sie mir ein bißchen drall vor, als für den Abend bestellte Freundin etwas griesgrämig. Wir beide verstanden uns nicht besonders gut, aber wir tanzten trotzdem in einer Reihe von Nachtclubs in Guadalajara, und auf der Rückfahrt sagte die Makellose, als wir an einer Verkehrsampel hielten, sie wolle nun aussteigen. Ich könne mitkommen und die Nacht mit ihr verbringen, wenn ich wolle, dies sei Teil der Abmachung. Hätte sie sich diese ungeschickte Einladung gespart, wäre vielleicht alles in Ordnung gewesen, aber in meiner Naivität wurde ich von ihrer geschäftsmäßigen Art abgestoßen und sagte nein danke. Im Auto breitete sich ein kaltes Schweigen aus. Meine Absage war offenbar eine Beleidigung. Hier wurde wieder ein mexikanischer Urteilsspruch gefällt: Ein *caballero* weist die Einladung einer Dame nicht zurück. Inma stieg ohne ein Wort aus, und der Adjutant fuhr mich zurück zum Palast.

Ich hatte keinen Zweifel daran, daß mir infolge des Urteilsspruchs Schreckliches passieren würde. So kam es denn auch.

Es war vier Uhr morgens. Während ich auf die Palastklingel drückte, wartete der Adjutant am Bordstein, um sich zu vergewissern, daß ich sicher ins Haus kam. Vielleicht hatte er mit Problemen gerechnet. Niemand hörte die Klingel. Es war unwahrscheinlich, daß irgend jemand sie hören würde. Auf der anderen Seite des hohen Gitters schlummerte der hinter den Bäumen im Park versteckte Palast weiter. Moment, sagte ich zu dem Adjutanten, das kriegen wir schon hin. In Oxford war ich oft genug ins College geklettert. Was sollte bei einem Palast anders sein.

Der Adjutant stieg mit skeptischer Miene aus dem Auto. Er wußte nichts von Oxford-Colleges, aber dies war tatsächlich ein wenig anders. Er hatte keine Ahnung, was zu tun war. Ich konnte ihn denken sehen, daß er, wenn ich nur wie vereinbart mit Inma in ihre Wohnung gegangen wäre, hier nicht seine Zeit verschwenden würde. Wir drückten erneut auf den Klingelknopf. Ich warf einen Blick auf das Haus an der Ecke des Grundstücks, stellte fest, daß die Mauer einen Weg nach oben bot, und bevor der Adjutant Einwände erheben konnte, war ich hinaufgeklettert. Kinderleicht, sagte ich, balancierte auf der Mauer entlang und suchte nach einer günstigen Stelle, von der ich auf den Rasen springen konnte.

In diesem Moment trat ein Soldat hinter einem Busch hervor und richtete sein Gewehr auf mich. Er rief etwas, das ich nicht verstehen konnte. Vorsichtshalber hob ich die Hände. Der Adjutant war wieder ins Auto gestiegen, hatte die Zündung gestartet und wollte davonfahren. Zum Glück hörte er mich über den Motorenlärm hinweg, als ich ihm zurief, daß unten im Garten ein Soldat sei, der mich mit seinem Gewehr erschießen wolle.

Der Adjutant sprang aus dem Wagen, rannte zurück zum Tor und schrie durch das Gitter. Der Soldat schrie zurück. Der Adjutant schrie mir zu, die Hände zu heben. Ich hatte es schon getan. Auf beiden Seiten der Mauer setzte sich das Geschrei eine Zeitlang fort. Ich reckte die Hände in die Luft, während der Soldat mich mit seinem Gewehr in Schach hielt und gleichzeitig mit dem Adjutanten verhandelte. Schließlich ging er ans Tor hinüber und musterte den Ausweis, den der Adjutant ihm durch das Gitter zeigte. In Ordnung, sagte der Adjutant zu mir, Sie können jetzt runterklettern. Der Wachposten wird nicht schießen. Dafür bin ich sehr dankbar, sagte ich. Der vermutlich frustrierte Wachposten war bereits wieder in der Dunkelheit verschwunden und überließ es dem Gast des Generals, unerschossen in den Palast zurückzukehren.

Richard rieb sich begeistert die Hände, als ich ihm am nächsten Morgen von diesen Ereignissen erzählte. Beim Frühstück im Palast spielten wir ein Spiel, das wir »Schlagzeilen, die dem Minister peinlich waren« nannten. Und Beispiele nach Art von *Gast beim Eintreten in Haus des Ministers erschossen* tauchten den ganzen Tag hindurch immer wieder im Gespräch auf. Während Leibwächter einen Kordon bildeten, um uns bei einem Besuch des Marktes der Diebe von Guadalajara vor allzuviel öffentlicher Aufmerksamkeit zu schützen, ließ ich mir *Mann beim Bemühen um mexikanische Gastfreundschaft niedergeknallt* einfallen, was Richard für besonders gelungen hielt.

Carlos empfahl sich während des Mittagessens, doch er hatte für uns den Besuch eines Stierkampfes organisiert, bevor wir am Nachmittag mit einer Maschine der Luftwaffe zurück nach Puerto Vallarta geflogen wurden.

Unterwegs wurden viele Scherze gemacht. Alle teilten ein Gefühl der Erleichterung darüber, jenem Gefängnis der Gastfreundschaft entkommen zu sein, in dem Carlos und seine Granden uns das ganze Wochenende hindurch vor allem durch ihren Mangel an Humor eingesperrt hatten. Nie zuvor waren wir so gerne in die Casa Kimberley zurückgekehrt.

Richard trank weiterhin nicht, aber er bot großmütig an, an der Bar seine Spezialmartinis für Elizabeth und mich zu mixen. Das erschien mir wie ein nicht zu übertreffender Freundschaftsbeweis, etwa so, als reiche ein Pyromane Molotowcocktails weiter, um sie von anderen werfen zu lassen. Nach ein paar Martinis und nachdem Richard uns durch persönliche Anekdoten vom großen El Cordobes – der Körper mit den meisten Narben, den er je unter einer Dusche gesehen habe – in Stimmung gebracht hatte, rüsteten wir uns zu einem weiteren Stierkampf. *Banderillas,* die ich vor der Stierkampfarena in Guadalajara gekauft hatte, lagen auf dem Tisch: Souvenirs mit Krepp und Farbbändern und echten Stahlhaken am Ende. Ich wäre natürlich der Matador, während Elizabeth den Stier darstellte. Richard sagte, er werde Arena spielen, eine monumentale Rolle, die 10 000 Zuschauer umfasse.

Arena und Matador schoben den Glastisch ein paar Meter zurück, um mehr Platz für die *corrida de toros* oder vielmehr *toro*, da es nur einen einzigen geben würde, zu schaffen. Elizabeth senkte den Kopf, scharrte am Boden und war vor Angriffslust kaum noch zu bändigen. Ich hob die *banderillas* über den Kopf und wartete gelassen auf den ersten *paso*. Sobald sie auf mich zustürzte, trat ich zur Seite und bohrte jeweils eine *banderilla* in ihre Schultern – das dachte ich jedenfalls, aber Arena sagte, sie seien herausgefallen und der Stier müsse den Durchlauf wiederholen. Also machten wir einen zweiten Versuch, diesmal zur Befriedigung der 10 000 Zuschauer. Schnaubend und mit rotem Gesicht spielte Elizabeth einen wütenden Stier, fegte die Tischdecke immer wieder mit den Hörnern fort und warf den Matador beinahe um, als er ihr voreilig den Rücken zuwandte, um eine Zigarette auszudrücken. Dann blies Arena in seine Trompete und sagte, der Moment der Wahrheit sei gekommen – er müsse ins Bett gehen, denn es sei längst nach Mitternacht. Daraufhin nahm ich den Stier mit einem Regenschirm aufs Korn, um ihn über die Hörner hinweg zu erlegen. Aber als Elizabeth und ich zusammenstießen, entwickelten sich die Dinge ganz anders, als ich erwartet hatte. Sie riß den Kopf hoch, und ich senkte meinen. Ich wuchtete sie auf die Schulter, trug sie zum Rand des Balkons und hielt sie für ein paar Momente mit dem Kopf nach unten über das Geländer, bevor ich sie zu Arena zurückbrachte. Richard sagte, es sei ein überzeugender Auftritt gewesen – ein echtes Kompliment. Der Matador habe es sogar verdient, mit dem Schwanz ausgezeichnet zu werden. Den Stier brauche man nicht zu befragen, meinte Richard mit seinem boshaften Grinsen. *Bedien dich, Gringo.* Das war die letzte Schlagzeile des Tages, Richards Fazit, das mir noch eine Weile zu denken gab, nachdem er hinauf ins Schlafzimmer gegangen war.

10

Rosanna war es gewohnt, daß Enrique mit Frauen verschwand. Seine Kundinnen und Kunden, ausnahmslos Amerikaner, verliebten sich manchmal in ihn und fuhren mit ihm für eine Woche nach Mazatlán, Acapulco oder sogar Mexico City. Sie hätten ihn mit nach Amerika genommen, wenn man ihn dort reingelassen hätte. Nur Maisie, obwohl sie ihn wie wahnsinnig liebte, fuhr nirgendwo mit ihm hin. Drei Wochen lang hielt sie Enrique in einem Penthouse im Dachgeschoß des Puerta Vallarta Prince Hotels gefangen, wobei sie ihn laut Rosanna manchmal buchstäblich ans Bett fesselte.

Maisie stammte aus New York und war eine reiche und smarte Dame von ungefähr fünfzig Jahren. Sie wollte, daß ihr Gigolo abhängig, fast im Zustand eines Kleinkindes, war. Manchmal vernaschte sie Enrique in Windeln. Sie glasierte ihn mit Zuckerguß und leckte ihn ab. Sie stellte auch andere Dinge mit der Zunge an. Wenn Maisie unter der Dusche war und Enrique einen freien Moment hatte, erzählte er Rosanna am Telefon von ihrem Treiben. Sie sei eine verrückte Gringofrau. Aber im Unterschied zu vielen von Enriques Kunden, die es vorzogen, ihm für seine Dienste Geschenke zu geben, weil sie sich schämten, ihm Geld zuzustecken, zahlte

Maisie bar. Rosanna haßte nichts so sehr wie Schmuckgegenstände, teure Goldarmbänder oder herzförmige Anhänger, besonders wenn der Name Enriques und der Dame eingraviert war, wodurch es mehr Mühe bereitete, die Gegenstände zu verhökern. Barzahlungen waren das einzig Wahre. Wenn ihr Mann seine Arbeit machte und wirkliches Geld verdiente, dann hatte Rosanna keine Einwände.

Crazy Maisie tauchte mit Enrique an dem Abend im Golden Crab auf, als Rodrigo ein Abschiedsessen für Rita La Conchita und mich gab. Rita wollte für ein paar Monate nach Kalifornien, und ich würde in einigen Tagen für immer nach Europa zurückkehren.

So kam es mir nicht vor. Es war ein Abend wie jeder andere in der Stadt. Der Sommer rückte näher. Die warmen Abende wurden heiß. In der heißen Jahreszeit verließen wir Felipes Bar und flohen ans Meer. In den Restaurants unten am Strand war es kühler. Eine Brise wehte vom Pazifik her, und man sah die Surfer, die auf dem Mondlicht hinter den Palmen ritten, und sonst nicht sehr viel bis zum Ende der Welt.

Sonst war alles genauso wie immer. Die meisten der reichen Amerikaner, die in Vallarta überwinterten, waren noch nicht zu ihren Sommerzielen im Norden aufgebrochen. Wir tranken mit ihnen Margaritas an der Bar und lauschten ihrem Klatsch: wer was gekauft habe, wessen Yacht gerade von wo eingetroffen, wer gegenwärtig der vermögendste Mann in der Stadt oder die schönste Frau sei, wer mit wem schlafe, wer welche Geschäfte abschließe, wo man das beste Gras finden könne. Ein Kreuzschiff lag über Nacht in der Bucht von Vallarta vor Anker. Die von Kerzen beleuchteten Tische an der Wand, wo man sich um ein etwas intimeres

Ambiente bemühte, waren ausschließlich von Gigolos besetzt, die leise und gelangweilt mit vorwiegend mittelalten bis alten Kundinnen sprachen. Enrique und Maisie gehörten zu ihnen. Sie hatten ihr Essen beendet, und als Rodrigo ihnen zuwinkte, setzten sie sich an unseren Tisch.

Maisie hatte sich das Gesicht offenbar einmal zu oft liften lassen. Es war eine weiße Maske, die aussah, als hätte man sie eingeweicht, an ihren Ohren befestigt und zum Trocknen aufgehängt. Dabei war irgend etwas geplatzt, und ihr Gesicht war schief geworden. Sie hatte weit aufgerissene Augen und einen dunklen Schlitz als Mund, der ihr Gesicht gefährlich spannte, wenn sie lächelte. Die Augen wirkten hohl und leer. Der Mund war das wichtigste, vielleicht das einzige Medium, über das sich Maisie mit der übrigen Welt verständigen konnte. Kein Zahn war zu sehen, nur ihre Zungenspitze. Sie zuckte hin und wieder nach vorne, um die Lippen zu befeuchten, wie eine Schlange am Eingang einer Höhle. Maisie war ein Raubtier und bestand nur aus Mund. Hier lauerte sie ihrer Beute auf.

Rodrigo war oberflächlich bekannt mit den Innereien oder Genitalien der meisten Amerikaner in der Stadt. Irgendwann litten sie alle an verschiedenen Magenkrankheiten, an Herpes oder Tripper – Leiden in allen Farben. Sie brauchten den Arzt nur anzurufen, und er ließ alles stehen und liegen und kam herbei – ein freundlicher Mann mit einer diskreten schwarzen Aktentasche, der Englisch sprach und mit seiner Meinung zurückhielt, was immer er von einigen der Angelegenheiten denken mochte, mit denen er beruflich zu tun hatte.

Maisie, die Puerto Vallarta regelmäßig besuchte, war keine Ausnahme. Sie mutete sich immer zuviel von allem zu. Bei ihrem letzten Besuch war es eine SM-Session in Felipes Bar mit zwei oder drei Männern und einer Menge Kokain gewesen. Als der Spaß vorbei war, schickte Rodrigo sie für ein paar Tage ins Krankenhaus. Wenn er der Stadtchronist wäre und seine medizinischen Unterlagen das Beweismaterial dafür lieferten, wie sich der Ort in den letzten zehn Jahren geändert habe, sagte Rodrigo einmal zu mir, dann müsse die Bilanz lauten, daß Puerto Vallarta zunehmend attraktiv für Menschen werde, deren Lebensziel es sei, vergnügliche Arten der Selbstzerstörung zu finden.

Unvermeidlich kam mir Richard in den Sinn. Ich dachte daran, wie er rauchte und trank und bis zur Betäubung in dem Haus brütete, für das er eine Seufzerbrücke gebaut hatte – ein Tribut, wie Marjorie Dee es unvergeßlicherweise genannt hatte, an seine internationale Liebesaffäre mit Elizabeth Taylor. In seiner Einsamkeit unterzog er sich einer klösterlichen Geißelung, bevor er den Höhepunkt erreichte und sich dem ergab, was er vielleicht als unumgängliches Märtyrerdasein betrachtete. Die Verzweiflung, die ich damals so deutlich aus seiner Rezitation der »Klage um die Dichter« herausgehört hatte, ließ tatsächlich an ein Märtyrertum denken. Vielleicht war es das, was Richard von seinem romantischen Temperament abverlangt wurde. Wenn er damit begonnen hatte, eine Rolle zu spielen, so war die Rolle nun zu seinem Leben geworden. Ich verstand, daß eine Katastrophe unvermeidlich war, obwohl ich nicht wußte, warum. Keinesfalls stellte ich sie mir als vergnüglich vor.

Maisie dagegen erfreute sich nicht nur an ihrer eigenen Zerstörung, sondern auch an der anderer. Alles, was sie in Puerto Vallarta tat, hätte sie gleichermaßen in New York tun können, aber nicht ohne dieselbe Komplizenschaft ihrer Umgebung. Die Stadt war wie ein Zwitterwesen, das sein Geschlecht wechselte, um sich den jeweiligen Vorlieben anzupassen. Die Stadt pflegte ihre Verderbtheit, schuf ein Ambiente der Verlockung und Unterwerfung, die Bereitschaft, dem Besucher zum entsprechenden Preis alles zu bieten, was er sich wünschte. Diese eher beiläufige als zynische Sinnlichkeit wurde auf natürliche Weise vom Klima gefördert, nicht angepriesen und zur Schau gestellt wie eine Hure, die ihre Reize feilbot – sie war einfach da, und man konnte von ihr Gebrauch machen, wenn man wollte.

Enrique verkörperte diese Zwiespältigkeit durch seine Kombination aus Eleganz und Vulgarität, Hochmut und Schlampigkeit, seine Patriziernase, seine katzenhafte Sexualität, seinen üblen Geruch nach schalem Sperma und in der Hitze feucht gewordenem Fell, seinen unterernährten Waisenkörper mit offenen Wunden an den Füßen und seine zerknitterte Erscheinung, als käme er gerade aus dem Bett, was fast immer der Fall war. Er befand sich dauernd am Rande der Erschöpfung. Frauen, die Enrique mit der besten Absicht mitnahmen, ihm Ruhe zu gewähren und ihn aufzupäppeln, brachten ihn mit ins Hotel, wo sie ihn statt dessen gnadenlos fickten.

Rita, Rodrigo und ich waren über den Strand zum Golden Crab gegangen, und zwei Stunden später spürte ich immer noch die Sandkörnchen zwischen meinen Zehen. Hier zu sein, das war diese angenehme Bewußtheit um den eigenen Körper, der grobkörnige Sand zwischen den Zehen, ein leichtes Brennen auf der Haut, eine Benommenheit, die sich mit der sanften, schweren Luft aus tausend Meilen Pazifischen Ozeans einstellte.

Ich lauschte mit halbem Ohr einem Gespräch, das lustlos um die Tische strich wie ein Vagabund auf der Suche nach einer Unterkunft, aber was ich hörte, war das sanfte Donnern der Brandung am Strand hinter mir. Das Meer kam und ging, und das genügte. Ich wollte mich nie wieder bewegen müssen, und warum auch, wenn das Meer kam und ging. Man mußte sich nicht darum kümmern. Für ungefähr eine Viertelstunde war ich in einem Zustand der vollkommenen Zufriedenheit, nur weil ich hier war.

Das dauerte nicht lange. Wir spürten Maisies Rastlosigkeit, wie ein Raubtier auf Beutesuche, sobald sie den Mund öffnete. Sie wollte fort. Sie wollte Action. Jack, ein schwuler Texaner, der ungeheuer reich war, fragte, ob wir nicht alle zu ihm kommen wollten. Ein Besuch bei Jack lohnte sich, und seine Partys waren berühmt. Angeblich wurden dort lebende Schweine an einen Barrakuda in einem Aquarium verfüttert. Ich geb euch Action, sagte Jack. Aber Maisie wandte sich an mich und fragte spitz, warum wir nicht alle in meinem Haus, in der Casa Kimberley, zusammenkämen. Könnten *die* dort nicht zur Abwechslung etwas Gesellschaft gebrauchen? Was täten *die* dort jeden Abend ganz allein? Sahen sie sich ihre Super-8-Filme an? *Kleopatra*, etwa? *Die alles begehren*? Den Scheiß? Hört bloß auf.

Nun begann Maisie ein Spiel, und ich war vorerst aus dem Schneider. Die Titel von Burton-Taylor-Super-8-Filmen machten die Runde. Jeder, der paßte, mußte sich etwas Unterhaltsames für uns einfallen lassen und dafür bezahlen. Jack meldete sich gleich mit dem, wie er sagte, niedlichen Film *Plötzlich im letzten Sommer*, aber darin spielte natürlich Montgomery Clift, nicht Richard Burton die Hauptrolle, und damit war Jack schon durchgefallen.

Jetzt bist du dran, Jack, verlangte Maisie, und ein Lächeln spaltete ihre Maske. Gleich, meinte Jack, in einer Minute. Aber sag mal, David, apropos *Who is afraid of Virginia Woolf?*. Ist das bei denen wirklich so? Er kicherte in lustvoller Erwartung. Los, sei nicht so verschämt. Benehmen sie sich wie Hund und Katze, wenn sie zu Hause sind? Ich wette, sie ist ein Miezekätzchen. Ich wette, sie fährt die Krallen aus. Sie kratzt, er beißt. Sind sie so wie in *Virginia Woolf*?

Tja, das würdest du wohl gern wissen, sagte ich mit einem Lächeln, das ich für solche Gelegenheiten einstudiert hatte. Außerdem stand ich unter Vertrag, und durfte nichts erzählen, was Jack doch bestimmt begriff. Es gab Momente – und dies war einer von ihnen –, in denen mir meine Arbeitgeber sehr verletzlich schienen und in denen sie meines Schutzes, zumindest meines Schweigens bedurften.

Hör zu, sagte Jack zu Maisie, da *kommt* mir etwas, wenn du den unanständigen Ausdruck entschuldigst, in aller *Schärfe*. Ich meine, wenn du ein Spiel suchst, warum gehen wir dann nicht alle in ein Bordell? Es gibt eins außerhalb der Stadt, in dem der untere Teil der Türen abgesägt ist und man die Füße der Paare in den Kabinen beobachten kann, selbst wenn die Türen geschlossen sind. Oh, das könnte dir gefallen.

Ein Schweigen breitete sich aus, beinahe Verblüffung. Jack hatte einen Ruf als Mordsgastgeber zu verlieren, deshalb freute er sich immer, wenn es ihm gelang, Leute zu schockieren. Maisies Maskengesicht spaltete sich erneut zu einem Lächeln. Füße, wiederholte sie und versuchte, sich die Sache vorzustellen, hast du *Füße* gesagt? Ihre Zunge verharrte eine Sekunde lang zwischen ihren Lippen. Ja, sagte sie, das könnte mir gefallen.

Das Bordell war einer der Orte, die Touristen normalerweise nicht zu Gesicht bekamen. Sogar Enrique sagte, er kenne es nicht. Aber Enrique war ein Luxusartikel, eine vollblütige Hure, die wochenweise engagiert wurde, und laut Jack war dies ein Ort, an dem die Töchter – im Teenageralter und noch jünger – der Siedlungsbewohner von Saisonarbeitern für höchstens zehn Minuten gemietet wurden. Wir zwängten uns in zwei Taxis und fuhren ein paar Meilen aus der Stadt hinaus. Eine nicht beschilderte Abzweigung führte in den Wald hinein. Am Ende eines Sandwegs erreichten wir eine Umzäunung, an deren Eingang ein Polizist auf einem Stuhl schlief. Im Innern stand eine große *palapa*-Hütte, ein aus Palmen und Ästen gefertigtes Gebäude so primitiv wie die, die ich in Yelapa gesehen hatte, bloß ein Dach auf Stangen, das einen Betonfußboden mit einer Reihe von Kabinen bedeckte, an deren Türen oben und unten etwa dreißig Zentimeter abgesägt waren. Sie sahen aus wie öffentliche Toiletten oder Umkleidekabinen an einem Swimmingpool.

Rund einen Meter unterhalb der Hütte mit den Kabinen war eine Tanzfläche unter freiem Himmel mit einer Kapelle an einem Ende sowie Tischen und Stühlen an den Seiten. Glühbirnen, die an Seilen über dem Tanzboden angebracht waren, warfen ein bläuliches Licht auf die Szene. Schäbig wirkende dunkelhäutige Mexikaner, die wahrscheinlich zu Fuß ein paar Meilen von ihrem Arbeitsplatz hierhergekommen waren, den Staub des Tages noch in Kleidung und Haar, standen herum, tranken Bier aus der Flasche und unterhielten sich mit lauter Stimme. Wir waren die einzigen, die sich hinsetzten: Rodrigo, Rita und ich, Jack und Jacks Freund, Maisie, Enrique und ein schwedisches Mädchen, das niemand zu

Elizabeth sah sich die Lagune noch einmal genauer an, nachdem Carlos sie ihr schenken wollte. Selten hatte ich sie so schön gesehen.

Carlos (li.) zeigte seinen Gästen die Anhöhe, wo sie ihr Ferienhaus bauen sollten, um andere Investoren anzulocken. Mogli hatte schon bessere Lagunen gesehen …

… als die, die wir auf der Rückfahrt zur Ranch im Paddelboot überquerten.

Raymonds VW-Käfer, das Tarnfahrzeug, in dem Elizabeth und mir die Fahrt zum Strand unentdeckt gelingen sollte …

Ohne Objektiv vor meinen Augen hätte ich diesem Blick nicht lange standhalten können.

Die Lucky Strike waren ihre, die Pall Mall meine – wir teilten uns die Streichhölzer dazwischen. Unten: Bei genauerem Hinsehen waren die Männer keine Geheimagenten, wie ich zuerst vermutet hatte.

Elizabeth genoß es, photographiert zu werden

Letzte Unterrichtsstunde in München

Kanaka flog gegen ein Fenster – mit dem Tod unserer zahmen Krähe ging der Sommer zu Ende.

Schulabschluß mit Friedenspfeife

kennen schien. Sie war so high, daß sie wahrscheinlich versehentlich in eines der Taxis geraten war. Die Drei-Mann-Band war erlahmt gewesen, als wir eintrafen, aber beim Anblick der vollbusigen Blondine wurde sie munter. Der Trompeter nahm die Jagd mit einem schrillen Schmettern auf. Die beiden Gitarristen ergriffen hastig ihre Instrumente und klimperten ihm eifrig hinterher.

Ich beobachtete die Mädchen auf der Tanzfläche, die sich miteinander drehten. Eigentlich war es gar keine Tanzfläche, obwohl Maisie und Enrique eine Zeitlang versuchten, sie dazu zu machen. Es war ein Laufsteg für die jungen Huren, auf dem sie defilieren konnten.

Einige waren bereits in den Zwanzigern, doch die meisten waren Teenager. Manche schienen ungefähr vierzehn Jahre alt zu sein. Andere waren vielleicht zwölf, darunter ein sehr hübsches Mädchen in einem weißen Kleid und roten Schuhen, das wie für einen Kindergeburtstag angezogen war. Und so benahmen sich die Mädchen auch: Sie alberten miteinander herum und brachen dann in wildes Gelächter aus. So jung sie waren, schienen sie die Situation doch unter Kontrolle zu haben. Vermutlich hätten sie am liebsten ein paar Feuerwerkskörper angezündet. Sie wirkten überhaupt nicht stumpf oder eingeschüchtert. Man hätte sogar glauben können, daß sie sich amüsierten. Es war eine ganz andere Atmosphäre als die in den schmutzigen Kaschemmen in London, die ich in meinen Schulferien besucht hatte, oder als das blasierte Ambiente eines Etablissements mit Samtvorhängen, in dem ich einmal in Paris gelandet war.

Vielleicht hatte es mit der Tatsache zu tun, daß sich nicht verbergen ließ, was hier vorging. Dieses Bordell im Wald hatte den Charakter einer öffentlichen Einrichtung, einer Kantine etwa oder einer Badeanstalt. Die Mädchen trafen ihre Abmachungen mit den Männern, die um den Tanzboden herumlungerten. Es wurde kaum gefeilscht. Man tauschte ein paar Worte aus und ging in eine der sechs Kabinen. Wir sahen zu. Wir waren die Schiedsrichter. Unsere Augen befanden sich auf der Höhe ihrer Füße. Wir schauten direkt unter die wenige Meter entfernten Türen. Man sah, wie Schuhe ausgezogen wurden. Sie blieben auf dem Fußboden. Kleidungsstücke schlossen sich ihnen dort an. Die Beine verschwanden. Hier wurde nicht lange gefackelt. Dann betrachtete man den umgekehrten Vorgang wie einen rückwärts laufenden Film. Beine wurden wieder sichtbar. Hosen wurden hochgezogen, Schuhe über die Füße gestreift. Gewöhnlich waren die Paare nach fünf Minuten – schwupp – wieder draußen.

Das Geschäft blühte. Schuhe wurden in allen sechs Kabinen fast pausenlos an- oder ausgezogen. Sie glichen Theaterrequisiten für eine Sexkomödie. Die Peep-Kabinen waren wie eines jener Kinderspiele mit Ausschneidepuppen, bei denen man Füße und Köpfe austauschen kann. In den Kabinen, wo kurzfristig keine Füße oder Köpfe zu sehen waren, war offensichtlich der Koitus gerade im Gange. Menschen fickten nur sieben Meter von uns entfernt. Ich mußte Jack zustimmen, daß die Sache einen Reiz hatte. Es muß die perfekte Anmache für noch unentschlossene Kunden gewesen sein.

Maisie nahm alles auf und dachte schon an den nächsten Schritt. Sie hatte das Mädchen mit dem weißen Kleid im Auge. Die möchte ich in einer Kabine sehen, sagte sie zu Enrique und zeigte auf das Mädchen, ich möchte unter die Tür gucken, wenn die kleine Prinzessin reingeht und ihre roten Partyschuhe auszieht.

Sie forderte Enrique auf herauszufinden, wieviel das Mädchen kostete.

Das Mädchen war die Attraktion im Bordell und sich dessen vollauf bewußt. Sie tat sehr vornehm, ganz die kleine Prinzessin, wie Maisie gesagt hatte. Männer umschwärmten sie. Sie lief hin und her, hüpfte herum, umklammerte die anderen Mädchen, fiel hin und kicherte, als wäre sie wirklich auf einem Kindergeburtstag. Die Männer folgten ihr wie Hunde, die hofften, daß man ihnen Essensreste zuwarf. Die kleine Prinzessin scheuchte sie fort. Sie war wählerisch. Sie war teuer. Und das konnte sie sich leisten, denn sie war die jüngste und hübscheste. Enrique kam zurück und teilte uns mit, sie verlange hundert Peso, das Doppelte des normalen Preises. Das waren acht Dollar. Man konnte die kleine Prinzessin für den Gegenwert von acht Orangensäften in der Polo Lounge des Beverly Hills Hotels haben.

Ein untersetzter Mexikaner von ungefähr Vierzig mit einem herunterhängenden Zapata-Schnurrbart stand reglos unter den Bäumen knapp außerhalb der Reichweite des bläulichen Lichtes und folgte ihr mit den Augen. Maisie hatte ihn schon früh auf ihrem Radarschirm ausgemacht. Kurz nach unserer Ankunft hatten wir gesehen, wie er sich dem Mädchen in dem weißen Kleid genähert und sie ihn zurückgewiesen hatte. Nun stand er einfach da und beobachtete sie. Keines der anderen Mädchen interessierte ihn. Sie strichen dauernd um die Tische, auch um unseren, warben um Kundschaft und baten um Geldgeschenke, wenn sich keine Kundschaft fand, aber sie ließen den Zuschauer im Schatten allein. Er sei *loco*, hörte Maisie, als sie sich nach ihm erkundigte. Er komme immer wegen Consuela, und sie weigere sich immer, wieviel er auch biete. Der Mann sei Gerber und rieche teuflisch. Er sei alt und dick. Und außerdem sei er Consuelas Onkel.

Sieh an, sagte Maisie. Ihre Zunge zuckte über ihre Lippen, ihre Nüstern weiteten sich, und sie stieß beim Sprechen eine Wolke aus Zigarettenrauch aus. Sie fragte sich, *entre nous*, ob die Prinzessin es für zweihundert Peso mit ihrem übelriechenden Onkel tun würde. Schließlich hätten alle Jungen und Mädchen ihren Preis, und diese kleine Hure sei keine Ausnahme, auch wenn sie ein weißes Kleid trage. Ihre Worte ließen in der Luft eine weitere Rauchspur zurück, die Jack sich aus dem Gesicht wedelte. Er sagte, sie werde es für zweihundert nicht tun, sich jedoch durch weitere dreihundert umstimmen lassen. Wenn er sich irre, wolle er die zweihundert zahlen. Und wenn er recht habe, dann müsse Maisie die fünfhundert spendieren. Maisie dachte einen Moment lang nach. Okay, Jack, sagte sie, abgemacht.

Unterdessen war die Drei-Mann-Band von ihrem Podium heruntergekommen und brachte dem schwedischen Mädchen mit einer geschickten Zangenbewegung, die ihr die Fluchtrouten abschnitt, ein Ständchen. Die Gitarristen stellten auf jeder Seite der Señorita ein Bein auf den Stuhl und beugten sich mit ihren Gitarren vertraulich nach vorne. Es war eine Pose, wie man sie von den Plattenhüllen der *¡muchachos!* kannte – ein kräftiges, Knöpfe sprengendes Trio örtlicher Desperados, die ihre große Zeit längst hinter sich hatten. Ihre Haltung mochte väterlich sein oder romantische Absichten andeuten – je nachdem, was man beim Abendessen zu sich genommen hatte.

Das schwedische Mädchen schien sich noch nicht entschieden zu haben. Sie saß wie in Trance da, flocht und entflocht den Haarschwanz am Ende ihrer Zöpfe. Der Trompeter schwenkte sein Instrument vor ihrem Gesicht hin und her und umwarb sie, als wäre sie eine Schlange in einem Korb. Nach einer Weile schien er Erfolg zu haben. Sie kam zu sich. Auf ihrem Stuhl sitzend, machte sie Wellenbewegungen mit den Armen. Dann begannen ihre Hüften zu kreisen, und sie stand auf. Die Mexikaner um sie herum klatschten. Sie kletterte auf den Tisch, und es gab einen richtigen Applaus. Rodrigo fiel begeistert ein.

An der Bar hinter dem Podium verhandelte Enrique mit dem Mädchen in dem weißen Kleid. Beide kamen an unseren Tisch. Sie will das Geld sehen, sagte Enrique.

Aus nächster Nähe wirkte das Mädchen älter als aus der Entfernung. Sie hatte eine verdrossene Miene aufgesetzt. Jack zog ein Bündel Scheine aus seiner Gesäßtasche und legte zwei auf den Tisch. Das Mädchen in dem weißen Kleid schaute auf das Geld hinunter. Maisie und Jack schauten zu dem Mädchen auf. Der Mexikaner stand auf derselben Stelle im Hintergrund, wo er schon die letzte Stunde verbracht hatte, und beobachtete sie ebenfalls.

Das Mädchen hob den Kopf und sah ihn dort stehen. Sie musterte ihn und wandte sich wieder uns zu. Das will ich nicht, sagte sie gereizt mit zusammengekniffenem Mund. Sie hätte ein störrisches Kind sein können, dem man befohlen hatte, den Rest seiner Mahlzeit aufzuessen. Genauso ist es mit Kindern, die nicht aufessen wollen. Sie war entschlossen, nichts zu essen, und gab nicht nach. *No quiero.* Ihr Standpunkt wurde durch die nicht zu bestreitende Einfachheit dieser Aussage untermauert. In diesem Moment interessierte sie nichts anderes auf der Welt.

Jack kapierte das nicht. Er griff wieder in seine Gesäßtasche, holte drei weitere Scheine hervor und legte sie auf den Tisch. Das Mädchen schüttelte den Kopf. Jack gab noch einen Schein dazu. *No quiero.* Warte nur, du kleines Luder, ich kriege dich schon klein, sagte Jack und legte noch einen drauf. Das Mädchen drehte sich um und ging davon.

Auf dem Tisch neben unserem war das schwedische Mädchen, das eine Menge warmer, brauner Haut zwischen einem bestickten seidenen Tanktop und einer wogenden Maharani-Baumwollhose mit Wickelgamaschen zeigte, von den Toten auferstanden, um einen überraschend professionellen Bauchtanz vorzuführen. Alle drängten sich um sie und applaudierten. Das Mädchen in dem weißen Kleid wurde in der Aufregung für einen Moment vergessen. Als wir nach ihr Ausschau hielten, war sie verschwunden. Enrique wurde auf die Suche nach ihr geschickt, doch er kehrte unverrichteter Dinge zurück. Nicht zu glauben, sagte Maisie mit gerunzelter Stirn, jemand muß sie dazu angestiftet haben. Jack steckte sein Geld ein.

Menschen umringten unsere Tische und begleiteten die Bauchtänzerin mit einem langsamen Klatschen. Die Rufe *muy bien* und *ropa, ropa* ertönten, was bedeutete, daß sie ihre Kleidung ausziehen und noch besser tanzen solle. Rodrigo klatschte in die Hände und lachte. Mit einer zerdrückten Zigarette zwischen den Lippen, von der Asche herabfiel, kippte er seinen Stuhl auf zwei Beinen zurück und lachte; seine Augen lächelten fröhlich, und sein Mund war fest geschlossen, um nicht zu verraten, worüber er lachte. Maisie blickte ihn finster an. Jack wirkte verstimmt. Ein schwedisches Mädchen, high und in indischer Aufmachung, vollführte zu mexikanischer Musik einen orientalischen Tanz in einem Bordell im Dschungel, aus dem das Mädchen in dem weißen Kleid und den roten Schuhen weggezaubert worden war.

Irgend etwas muß es mit dem Mädchen gut gemeint haben – vielleicht der Talisman, den Rodrigo in seiner Tasche verwahrte, um den bösen Blick abzuwehren, wie er zugab, oder möglicherweise war es sein Lächeln gewesen, der Dschinn seines guten Willens. Es war ein Wunder, und wir wußten, daß es nicht lange andauern würde. Aber heute abend jedenfalls hatte es eine Gnadenfrist gegeben, und eine Tochter der Barackensiedlung war ihrem Schicksal entkommen.

11

Ich machte mich auf, um mich endgültig von Rodrigo in seiner Praxis auf dem Hügel zu verabschieden. Ich ging um die Baracken herum auf einem weitläufigen Weg hinter der Stadt, den ich der schnelleren Straßenverbindung vorzog, weil es unterwegs so viele Dinge zu sehen gab. Diesmal war es eine Frau, die vor einem Haus saß und sich von einem Mädchen mit schönem, langem schwarzem Haar kämmen ließ. Bei ihrem Anblick blieb ich wie angewurzelt stehen. Sie war eine etwas ältere Ausgabe von Consuela, dem Mädchen in dem weißen Kleid im Bordell. Die Ähnlichkeit war verblüffend, sie hätte die ältere Schwester sein können. Ich blieb stehen und fragte in einwandfreiem Spanisch – mein Lehrer Rodrigo hätte stolz auf mich sein können –, ob hier zufällig ein Mädchen namens Consuela wohne.

Es fehlte nicht an Kindern im und um das Haus, so daß mir eine Frage nach möglichen Schwestern des Mädchens, das wie Consuela aussah, begründet vorkam. Das Mädchen antwortete jedoch nicht, und die ältere Frau, deren Haar sie kämmte, bedeutete mir schroff, mich um meine eigenen Angelegenheiten zu kümmern. Dies sei eine anständige, wenn auch arme Familie, und die Töchter anständiger Familien sprächen nicht mit Fremden auf der Straße. Die ältere Frau drückte dies nicht mit Worten aus, sondern vermittelte es mit einer abschätzigen Handbewegung. Sie war nicht freundlich. Aber wer weiß, vielleicht waren andere Gringos vorbeigekommen, hatten ihr Geld für ihre Töchter angeboten und Consuela dadurch in Verruf gebracht.

Ich bog in steile Gassen ein und kletterte wie so oft die Treppen zwischen alten Mauern hinauf, die von Bougainvilleen überwuchert waren – orangefarbenen, violetten und roten Büscheln, die Schwärmen von Schmetterlingen glichen. Ich nahm eine Abkürzung durch eine Müllkippe, die die Grenze zwischen dem anspruchsvolleren Vallarta und einem Teil des Ortes bildete, in dem keine Gringos wohnten. Da war die Arztpraxis, wie ein Fluch, wie jener Urteilsspruch, von dem Rodrigo wußte, daß er niemals freikommen würde, ein Block aus gegossenem Zement unter einem Wellblechdach, an das sich ein umgekippter Riesenkaktus lehnte, und mit dem immergleichen Blick auf einen Hinterhof mit Hühnerställen und einem übelriechenden Ziegenstall.

Rita La Conchita saß mit einer Handvoll Körner auf dem Boden neben den Hühnerställen und machte gurrende Geräusche. Vielleicht hätte sie lieber schnalzen als gurren sollen. Sie warf die Körner in die Luft, und sie prasselten in einem Schauer nieder, aber die blöden Hühner rannten fort.

La Conchita holte ihren Tabaksbeutel heraus und drehte uns einen Joint. Weiß der Arzt, daß wir hier sind, fragte ich. Sie sagte, er werde so bald wie möglich zu uns stoßen, was eine Weile dauern könne, weshalb wir uns ruhig einen genehmigen sollten, während wir warteten. Wir waren im Blickfeld der Menschen am hinteren Ende der vor der Praxis wartenden Schlange, und sie beobachteten uns neugierig. Ich fragte mich, ob es vielleicht diskreter wäre, wenn wir uns in den Hühnerstall zurückzogen, wo wir wenigstens außer Sicht wären.

La Conchita lachte ihr kehliges Lachen. Zwei Gringos, die am hellichten Tag in einen Hühnerstall kriechen, um nicht so aufzufallen, sagte sie sarkastisch, sei das mein Plan?

Also blieben wir, wo wir waren, saßen auf dem Boden und lehnten den Rücken an die Wand des Hühnerstalls. Wir teilten uns einen Joint in der untergehenden Sonne und in voller Sicht von Dr. Chávez' Patienten.

La Conchita und ich hatten uns durch eine Vielzahl von Abenteuern hindurchgekifft – Hau ins Hirn, Tunnel, Rasterfahndung, Achterbahn, um nur einige zu nennen –, aber es war das erste Mal, daß wir gemeinsam Lachen pur erlebten. Das war eine ganz erlesene Mischung. Sie zündete schon nach ein paar Zügen.

Bei Rita zuerst. Sie fand den Anblick der Menschen, die uns um die Praxis herum beäugten, unbeschreiblich lustig. Ich war noch nicht soweit. Was ist dabei so lustig, fragte ich.

Es ist die F…

Sie versuchte, es mir zu erklären. Ihr fehlten die Worte. Krämpfe schüttelten sie. Ich fand sie ziemlich albern.

Nun was denn, fragte ich erneut. Rita hörte auf zu lachen, wischte sich die Tränen aus den Augen und atmete tief durch. Dann war sie bereit. Es ist die F… am H…

Was?

Hu…

Dieser letzte Versuch gab ihr den Rest. Sie rollte auf dem Boden hin und her und johlte.

Allmählich begann auch ich, den Witz zu begreifen. Es war die Indiofrau, die uns um die Ecke des Gebäudes beobachtete. Die Frau warf uns nicht nur hin und wieder einen unauffälligen Blick zu wie die anderen in der Schlange. Sie hatte uns gepachtet und starrte uns unverwandt an. Das war in Ordnung. Aber ihre Kopfbedeckung war es nicht. Sie trug etwas auf dem Kopf, das wie ein Tirolerhut aussah und mit einer hohen Feder geschmückt war. Immer wenn die Frau den Kopf bewegte, bebte die Feder. Das war es, was Rita mir hatte erklären wollen. Endlich verstand ich es. Ich begann zu lachen. Das war es also, was so irrsinnig komisch war: die Feder am Hut der Frau.

Es ist die F… am H…

Rita holte Luft.

Hu…

Wir krümmten uns und versuchten, den Schmerz zu lindern, indem wir uns auf dem Boden ausstreckten.

Dort blieben wir eine Weile liegen.

Ab und zu machten wir einen ernsthaften Versuch. Wir schafften es, uns aufzusetzen. Aber sobald wir die F… sahen…

Erst als die Frau mit der Feder am Hut verschwunden war, erholten wir uns allmählich. Sie muß an jenem Nachmittag die letzte Patientin des Arztes gewesen sein, denn Rodrigo kam kurz danach herunter.

Er fand uns im Hühnerstall ein wenig verfilzt und erschöpft nach dem Abklingen unseres Lachanfalls vor. Der Katzenjammer meldete sich bereits. Noch einen Joint hätten wir kaum geschafft, aber zu unserer Erleichterung lehnte Rodrigo ausnahmsweise ab. La Conchita hatte sich eine Unterkunft in der Stadt besorgt und sagte, sie werde ein Abendessen für uns kochen. Rodrigo lehnte

erneut ab. Nanu, was war mit ihm los? Wir nahmen seine polierten schwarzen Schuhe zur Kenntnis, sein elegantes malvenfarbenes Hemd, seine ungewöhnlich sorgfältig gebügelte Hose und fragten uns, was hier vorging. Rodrigo sah, wie wir ihn musterten, und hüstelte ein wenig wie immer, wenn er verlegen war. Ich bin nämlich verabredet, sagte er, mit Britt.
Britt?
Wie sich herausstellte, hatte sich der Arzt die ganze Woche hindurch heimlich mit dem schwedischen Mädchen in der Maharanihose mit den Wickelgamaschen getroffen – seitdem er zufällig auf dem Rücksitz eines Taxis mit ihr zusammengestoßen war. Nun war ihre Woche in Puerto Vallarta leider vorbei, und morgen flog sie zurück nach Göteborg.
Rita und ich sagten, das verstünden wir. Es handelte sich offenkundig um ein romantisches Abendessen, möglicherweise *emocional*, in einem ruhigen Restaurant am Meer, deshalb...
Ich hoffe, es macht euch nichts aus, sagte Rodrigo lächelnd. Er sah immer besonders ernst und angespannt aus, wenn er lächelte.
Britt und ich – vielleicht in Göteborg...
La Conchita und ich warteten darauf, daß er seinen Satz beendete. Er machte noch ein paar weitere Fehlstarts. Es klang ein bißchen wie die Wirkung von Lachen pur, nur daß Rodrigo nicht lachte. Er sagte nichts mehr, winkte bloß ein bißchen und ließ den Arm fallen. Man konnte sich nicht einmal sicher sein, daß er gewinkt hatte. Er ging davon.
Auf dem Flachdach eines Wassersportgeschäfts, das einen Häuserblock vom Ozean entfernt war, grillte La Conchita einen roten Schnappbarsch, den jemand ihr

auf dem Heimweg geschenkt hatte. In Absprache mit dem Besitzer des Geschäfts war das Dach La Conchitas Bleibe, wann immer sie sich in der Stadt aufhielt. Außer je einer Flasche Barbecue-Sauce und Chianti konnte sie nichts zu dem Fisch anbieten. Neben dem Grill befanden sich auf dem Dach ein Sessel, zwei Matratzen und ein Schlauch, der vor sechs Uhr morgens und nach zehn Uhr abends fließendes Wasser lieferte. Der Schwanz eines Neondelphins, der sich vor dem Wassersportgeschäft in die Tiefe stürzte, ragte ein oder zwei Meter über das Dach hinaus. Der Delphin war nachts illuminiert und strahlte so viel Licht aus, daß Rita ihren Sessel an den Schwanz heranziehen und dort lesen konnte. Also hatte das Dach alle Annehmlichkeiten, die man benötigte. Auf den beiden Matratzen ließen sich sechs Personen unterbringen. Hier schlief man unter dem Sternenhimmel.

Es sei eine rätselhafte Sache mit Rodrigo, sagte sie, er sei so wenig greifbar, daß er fast einer Illusion gleiche. Man sehe ihn nie kommen und gehen. Er schien sich einfach ein- und wieder auszublenden.

La Conchita wollte in Felipes Bar gehen, aber ich war zu müde. Die Verbindung von Gras und Chianti hatte mich schläfrig werden lassen. Ich lag ausgestreckt auf einer der Matratzen, die landeinwärts zeigte, und glaubte, auf dem Hügel die Lichter der Casa Kimberley ausmachen zu können. Ich sagte Rita, sie solle ohne mich aufbrechen; ich wollte ein Nickerchen machen und später nachkommen. Ihre Antwort hörte ich gar nicht mehr. Ich schlief sofort ein und begann zu träumen. Ich schwamm am Boden des Barrakuda-Aquariums in Jacks Haus. Teile eines Bikinis trieben im Wasser nach unten und landeten auf dem Boden.

Keine Sorge, sagte jemand, der Barrakuda macht Urlaub, wir sind also völlig sicher.
Ich rollte mich herum und sah Elizabeth, die über mir schwamm. Legst du mir etwa Worte in den Mund, fragte sie und lachte auf etwas übertriebene Weise, wie ich fand. Sie war nackt und ich auch.
Komm her, sagte sie. Möchtest du nicht zu mir raufkommen? Sollte ich lieber nicht, dachte ich mir, tat es aber doch, denn ich konnte nicht anders.
Und ich kam hinauf.

Am späten Nachmittag stand ich neben ihr auf dem Balkon. Wir beugten uns über das Geländer – das Geländer, über das ich sie am Abend unseres Stierkampfes unbedacht gehoben hatte – und schauten hinunter in die mit Kopfsteinen gepflasterte Gasse.
Die *calle* war ausnahmsweise leer. Sonst hätte Elizabeth wahrscheinlich nicht in ihrem Bikini auf dem Balkon gestanden. Eine weniger prüde Person konnte man sich kaum vorstellen, aber sie hatte ein ausgeprägtes Gespür für das, was sich schickte. Sie war eine üppige Frau, und in den Urlaubsmonaten in Mexiko hatte sie zugenommen. Ihr gelber Bikini enthüllte dies. Sie machte Witze darüber. Es liegt an all dem Suff, sagte sie. Wahrscheinlich hatte sie an jenem Nachmittag schon ein paar Drinks gehabt. Ich war mit den Jungen im Klassenzimmer gewesen, aber nun roch ich es an ihrem Atem. Ihr Gesicht war gerötet, sie war in gesprächiger Stimmung. Hier in Mexiko habe es unzweifelhaft ein kleines Alkoholproblem gegeben, meinte sie, und durch Alkohol nahm sie zu, was lästig sei, da sie es wieder loswerden müsse. Man muß mich bloß anschauen.
Ich schaute sie an.

Na?

Ich meinte, sie sehe gut aus, vielleicht zwei Pfund zuviel, aber was seien zwei, drei Pfund unter Freunden? Kein Grund zur Beunruhigung. Wir sprachen über ihre Pläne für die kommenden Monate. Richard und sie würden den ganzen Sommer über Filme drehen und von einem Ort zum anderen reisen. Irgendwann im Herbst wären sie vielleicht in London. Sie sagte, ich solle sie alle in ihrem Haus in Hampstead besuchen. Vielleicht werde sich für Christopher die Möglichkeit ergeben, seinen Vater, Michael Wilding, zu treffen. Der Name des einen Ehemannes lieferte das Stichwort für die weiteren Ehemänner. Hilton war der erste gewesen. Ich sagte, es müsse seltsam gewesen sein, einen Mann zu haben, der nach einer Hotelkette benannt war. Sie erwiderte, es sei umgekehrt gewesen. Ich fragte, was für einen Mann eine Hotelkette abgebe. Ihre Antwort über einen intimen Aspekt der Hotelkette war kurz und vielleicht auch verleumderisch, weshalb man sie verschweigen sollte. Sie überging Ehemann Nummer zwei, Michael Wilding, und setzte fort mit Nummer drei, Mike Todd, der bei einem Flugzeugunfall ums Leben gekommen war. Aus ihren wenigen Bemerkungen über Todd erhielt ich den Eindruck, daß sie ihn mehr als Ehemann eins und zwei geliebt und schwer unter seinem Tod gelitten hatte. Aber sie war jung, das Leben ging weiter, und wo immer das Leben war, da war sie auch. Eddie Fisher nahm Platz vier ein, und Richard Burton, den sie vielleicht mehr liebte als alle anderen, war Nummer fünf.

Ich hätte gern gewußt, was sie für Eddie Fisher empfand, und wollte – ohne taktlos zu sein – herausfinden, warum sie Nummer vier überhaupt geheiratet hatte.

Mich interessierte die Sache mit all diesen Ehemännern – schließlich war sie nach einem Dutzend Jahren beim fünften angelangt –, und es gab ein paar andere Dinge, die ich sie gern gefragt hätte, doch bevor ich dazu kam, traf das Pferd ein.

Hombre!
Diese Ankunftszene hatte es in sich – spannend wie die berühmte Einstellung von Omar Sharif, der in *Lawrence von Arabien* zum Bedu-Brunnen reitet, auch wenn die *calle* ein etwas anderes Umfeld abgab. Ein Filmnarr wie ich mußte auch an die langsame Annäherung eines Reiters in *Der Besessene* denken, dessen Ankunft durch die Stangen des Bettes gesehen wird, auf dem der heimtückische Karl Malden ein Nickerchen machen will und es sich dann anders überlegt, weil er weiß, daß Marlon Brando auf dem Weg zu ihm ist, um sich zu rächen.

Ein *caballero*, die Krempe seines Hutes wie ein Visier ins Gesicht gezogen, trabte über die Anhöhe am Ende der *calle*. Die Anhöhe war lang, so daß der Reiter nur Stück für Stück erschien, zuerst sein Hut, dann Hut und Schultern, das Pferd, auf dem er saß, und das Pferd, das ihm folgte. Die Sonne war hinter dem Reiter untergegangen, aber der Himmel war noch hell, und als er den Scheitelpunkt der Anhöhe erreichte, hob er sich deutlich vor dem Horizont ab: ein Gaucho, der einen weißen Hut trug und auf einem Schimmel ritt, mit einem zweiten Pferd, einem Rotfuchs, im Schlepptau. Der Reiter bremste ab und kam im Schritt die *calle* herunter. *Karalack-karalack*, ertönte das Getrappel der beiden Pferde jetzt deutlich auf den Pflastersteinen, ein Herumrutschen von Hufeisen, die am Hang Halt suchten. Unter dem Horizont legte sich die Dämmerung auf den Hang. Während der Rotfuchs fast im Schatten verschwand, schwebte der Schimmel wie eine Schaumgestalt hindurch.

Was für ein Pferd, jener stromschnellenfahrende Hengst von Carlos! Was für ein gigantisches Tier! Es kam vor dem Haus zum Stehen, zögerlich nach dem langen Ritt, tänzelte ein bißchen, und seine Hufeisen flimmerten hell auf den Pflastersteinen. Aber dann hob der Hengst den Schwanz und lud einen großen Misthaufen auf der Straße direkt vor unserem Tor ab. Unter uns hörten wir eine wütende Stimme, die den Gaucho anbrüllte. Es war Cajo.

Oi! Schaff das Tier vom Tor weg! Laß es woanders scheißen!

Ich bringe das Pferd des Generals, antwortete der Gaucho mit kühler Verachtung, ohne sich zu rühren, ein Geschenk für die Señora.

Für die Señora des Hauses, hier?

Si.

Cajo schlug einen anderen Ton an.

Was für ein General? Wer war der Mann?

Der Verteidigungsminister von Mexiko.

Woher kam der Gaucho?

Der Gaucho nannte einen Ort, den Cajo nicht kannte.

Wie weit war das?

Sechs Tagesritte von hier.

Cajo pfiff anerkennend.

Hombre – der *caballero* war sicher müde und durstig.

No.

Aber die Pferde mußten gefüttert und getränkt werden.

Si.

Cajo ging hinunter auf die Straße. Neben dem Schimmel sah er aus wie ein Kind. Nun begrüßte er den Gaucho freundlicher. Folge mir, sagte er und lief den Hügel hinunter. Der Gaucho schaute kurz nach oben und sah, daß wir die Szene beobachteten. Er berührte seinen Hut. Dann trabte er um die Ecke und war verschwunden.

Cajo erzählte mir am folgenden Tag, daß der Gaucho am Morgen in aller Frühe zurückgeritten sei. Was für ein Tier! Cajo pfiff und blies sich auf die Finger. Er hatte eine Unterkunft für ihn gefunden, mit ihm zu Abend gegessen und ihm während der ganzen Zeit nicht mehr als zwei Worte, *si* und *no*, hervorgelockt. Cajo war ein begabter Imitator und machte den Gaucho sehr gut nach. Der hatte sich am Morgen in die Hände gespuckt und seinen Hut zurechtgerückt, was ihm offenbar als Vorbereitung genügte, bevor er zu seinem sechstägigen Rückweg aufbrach.

Ein Stall, der einem so großartigen Tier angemessen war, wurde schließlich recht weit vom Haus entfernt gefunden. Wir gingen hin, um den Hengst zu bewundern, fütterten ihn mit ein paar Äpfeln – und das war's dann wohl. Da es in der Gegend kaum gute Reitpfade jenseits der Straßen gab, ritt Elizabeth das Pferd am Ende wahrscheinlich nicht öfter als ein- oder zweimal. Wann immer sie irgendwo auftauchte, sammelte sich in kürzester Zeit eine Menschenmenge um sie. Für sie war das natürlich ein ganz und gar vertrautes Problem. Nun wirkte es sich zum ersten Mal auch auf mich aus.

Seit dem Tag, als Richard uns bei unserer Beratung in der Toilette des unteren Hauses ertappt hatte, dachte Elizabeth darüber nach, wo wir ein Privatgespräch führen konnten, ohne belauscht zu werden. Das war nirgendwo in der Casa Kimberley möglich. Ihre Lösung bestand darin, daß wir beide zu einem Grundstück fahren sollten, das Richard und ihr an einem unbebauten Küstenstreifen, etwa eine halbe Stunde von Puerto Vallarta entfernt, gehörte. Sie hatten es mit dem Vorsatz gekauft, direkt am Meer ein Haus zu bauen, aber bisher war nicht viel aus der Idee geworden. Sie hatten bloß eine *palapa*-Hütte errichten lassen, um darin Picknicksachen zu verwahren. Das Grundstück war nicht einmal eingezäunt.

Elizabeth wollte ohne Aufsehen hinausfahren, zwei ungestörte Stunden auf dem Grundstück verbringen und dann zurückkehren. Die erste Frage lautete: mit welchem Auto? Der einzige Wagen in der Casa Kimberley war der weiße Dünenbuggy. Richard und sie waren damit in den letzten beiden Jahren häufig genug durch die Stadt gefahren, um ihn zu einer Berühmtheit zu machen. Ich war auf vielen meiner eigenen rauschhaften Ausflüge mit dem Ungetüm unwissentlich zu einem Nutznießer seines Ruhmes geworden. Von Jim hörte ich, daß der *jefe* der Polizei von Puerto Vallarta allen Beamten befohlen hatte, den weißen Buggy in Ruhe zu lassen. Egal ob er im Parkverbot abgestellt war, zu schnell fuhr oder der Fahrstil vermuten ließ, daß der Fahrer vielleicht nicht die volle Beherrschung über den Wagen hatte – sie sollten sich nicht darum kümmern. Diese polizeiliche Anweisung hatte unschätzbare Vorteile. Der Nachteil bestand darin, daß der weiße Dünenbuggy den Paparazzi nicht weniger bekannt war. Sie behielten ihn im Auge. Wohin er fuhr, dorthin folgten sie ihm, wie ich aus eigener Erfahrung wußte. Bei mehreren Gelegenheiten war ich in Nachtclubs von Leuten angesprochen worden, die wissen wollten, wer ich sei und wieso ich Richard Burtons Auto benutzte.

Womit sonst konnten wir fahren?

Raymond hatte einen Volkswagen für seine Besorgungen in der Stadt, aber er war bekanntermaßen sehr pingelig, was sein Auto anging. Elizabeth hielt den Volkswagen für ideal, doch sie bezweifelte, daß er ihn uns leihen würde. Vielleicht widerstrebte es ihr, ihren Angestellten um einen Gefallen zu bitten, der in sein Privatleben eingriff. Ihren Angestellten wurden ohnehin schon genug Opfer abverlangt. Doch letzten Endes redete sie mit ihm, und Raymond erklärte sich gnädig bereit, ihr seinen Volkswagen zur Verfügung zu stellen.

Damit war alles vorbereitet. Nach dem Nachmittagsunterricht, würden wir zu dem Grundstück am Strand hinausfahren. Elizabeth fragte ihren Sohn, ob er uns begleiten wolle. Ob ihr an Christophers Gesellschaft lag oder ob er als Alibi dienen sollte, war nicht ganz klar. Ich hatte keine Ahnung, welche Erklärung sie Richard gab. Vielleicht hatte sie ihn ebenfalls aufgefordert, mit uns zu kommen, und er hatte abgelehnt.

Maria packte einen Picknickkorb für uns, und wir brachen auf. Elizabeth verzichtete auf die üblichen Mengen Reisegepäck. Unser Fluchtfahrzeug parkte gleich gegenüber der Casa Kimberley. Elizabeth aus dem Haus ins Auto zu schmuggeln, sobald die Luft rein war, glich dem Ausbruch aus einem Internat. Das gefiel ihr. In letzter Minute fiel ihr noch etwas ein. Besorgt fragte sie, ob ich mit einer manuellen Gangschaltung umgehen könne? Sie war beruhigt, als sie hörte, daß ich ein paar Jahre zuvor einen Käfer von London nach Jerusalem und zurück gefahren hatte.

Mit ihr in dem Käfer an der Küstenstraße entlangzurollen war ein berauschendes Erlebnis. Übrigens bestätigte es meine Idee, ein Reisebüro für Wirkliches Leben zu eröffnen, das Hollywood-Stars den perfekten Erholungsurlaub vom Promi-Alltag in kommunistischen Ländern ermöglichte. Richard glaubte nicht, daß ihm so etwas gefallen würde – er haßte es, nicht erkannt zu werden, wie er gesagt hatte –, aber Elizabeth würde das Reisebüro für Wirkliches Leben sehr zupaß kommen. Sie freute sich diebisch darüber, daß sie ausgebrochen und ihrem Ruhm entkommen war. Mit Sonnenbrille und einem Hut hätte sie in einem Käfer durch ganz Mexiko kreuzen können, ohne erkannt zu werden, und sich herrlich amüsiert. Ich dachte mir, welch tolle Werbung das für Volkswagen wäre. In ein Auto zu steigen und einfach zu fahren, wohin man wollte und wann man wollte – nie zuvor in meinem Leben war ich mir der Vorzüge der Gewöhnlichkeit so bewußt gewesen.

Nach einer halben Stunde bogen wir von der Straße auf einen Sandweg ab, der hinunter ans Meer führte. Die raumgreifenden Fangarme von Puerto Vallarta waren noch nicht so weit vorgedrungen, und wir konnten kein einziges Haus entdecken. Sonst hatte das Grundstück wenig Vorzüge, eine trockene Einöde ohne jede Vegetation, die Schutz vor neugierigen Augen geboten hätte – nur ein paar Sträucher und die üblichen einsamen Kaktusbäume. Erst als wir einen Pfad zum Meer hinuntergingen, bekam ich den Posterstrand zu Gesicht, der ebenfalls zu dem Grundstück gehörte: eine Kurve weißen Sandes, die sich meilenweit hinzog, ohne daß eine Menschenseele zu sehen war.

Eine Holzhütte stand am Ufer. Die Tür war mit einem Vorhängeschloß gesichert. Zu meiner großen Überraschung, denn ich wußte, daß Elizabeth von den Erfordernissen des Alltagslebens wie Bargeld und Schlüssel ausgenommen war, holte sie tatsächlich einen Schlüssel hervor, der ins Schloß paßte. Nur das Wesentliche für einen Tag am Strand war in der Hütte untergebracht: Stühle, ein Tisch, eine Strandmatte, ein Sonnenschirm, ein Kasten mit Softdrinks, ein paar Flaschen Alkohol, Sonnencreme und eine Vielzahl aufblasbarer Wasserspielsachen. Elizabeth fragte, ob jemand Hunger habe. Christopher hatte keinen und ich auch nicht. Sie stellte den Picknickkorb auf den Tisch und schleuderte ihre Sandalen von sich. Dann zog sie ihre Hose und ihr rosa Oberteil aus und enthüllte den weißen Bikini, den sie für den Tag gewählt hatte. Ausnahmsweise trug sie keinen überschüssigen Schmuck, der versteckt werden mußte. Sie griff nach der Strandmatte, und wir gingen hinaus.

Seit dem Erwerb des Grundstücks hatte sie nicht mehr als ein paar Tage mit Richard an diesem Strand verbracht. Damals war ihre Beziehung viel erfüllender gewesen, als sie ihr nun vorkam. Dadurch verbarg sich für sie eine gewisse Schmerzlichkeit in der Tatsache, daß sie zum ersten Mal ohne ihn hier war.

Das waren die Dinge, über die sie mit mir sprechen wollte, was sie auch tat, als Christopher am Strand entlangspazierte, um nach Muscheln zu suchen. Jedenfalls hatte er behauptet, das sei seine Absicht. Möglicherweise hatte Elizabeth ihrem Sohn gesagt, daß sie an den Strand gekommen sei, um mit mir zu reden, und deshalb mit mir allein sein wolle. Ich wußte es nicht. Aber Christopher war feinfühlig und durfte die Situation richtig eingeschätzt haben. Wie auch immer, schon bald bummelte er am Strand entlang und hielt nach Muscheln Ausschau.

Ein knorriger kleiner Baum lieferte etwas Schatten, dort breitete Elizabeth die Strandmatte für uns aus. Es war windig. Sie hatte sich einen roten Seidenschal um den Hals gebunden. Das Meer wurde in der Bucht aufgepeitscht und brachte eine kräftige Brandung hervor. Eine

Zeitlang saßen wir da, rauchten, plauderten und sahen aufs Meer hinaus. Ich sah, wie sich am Ende des Strandes etwas bewegte, aber es war so fern, daß ich nicht einmal mit Sicherheit sagen konnte, in welche Richtung. War uns jemand gefolgt? Wurden wir beobachtet? Wir erörterten die Möglichkeit, doch sie war nicht sehr beunruhigt.

Chris war ungefähr hundert Meter von uns entfernt am Wasser, bückte sich hin und wieder und hob Gegenstände auf. Seine Nikon F lag auf der Matte neben mir. Wollen wir nicht ein paar Bilder machen, fragte ich. Einverstanden, sagte sie.

Sie wußte, was für ein Bild sie haben wollte und wie es sich einrichten ließ. Sie wollte den roten Seidenschal darin haben, dazu den Wind, und wie sie ihn einfing. Sie hielt den Schal hoch und nahm verschiedene Posen ein. Ich machte ein Bild von ihr durch den Schal und versuchte es erneut mit einer anderen Belichtung, da ich nicht wußte, wie sich der rote Filter des Schals auf ihr Gesicht abfärben könnte. Ich ging von einer Seite zur anderen, und sie drehte sich mal hierhin, mal dorthin. Wir probierten dieses und jenes, aber irgendwie wollte uns das Bild nicht gelingen. Vielleicht solltest du auf den Baum steigen, sagte sie.

Es war ein verwitterter alter Baum mit einem Ast, der in einem rechten Winkel über dem Boden hing. Ich kletterte hinauf und betrachtete sie auf der Matte unter mir. Elizabeth hielt sich den roten Schal über den Kopf und fragte, wie das aussehe. Ich schlug ihr vor, sich ein wenig zurückzulehnen. Sie tat es. Wie wär's damit? Die Äste des Baumes warfen interessante Schatten. Ich dachte, wenn sie sich auf den Block direkt unter den Baum setzte, würden wir vielleicht das Foto mit der den Wind einfangenden Stimmung hinkriegen.

Sie nahm die Pose ein und war sehr konzentriert. Ich fummelte an der Belichtung herum. Ich brauchte ziemlich lange, um sie einzustellen. Elizabeth sagte nichts, sondern behielt ruhig ihre Haltung bei. Wenn nötig, hätte sie wahrscheinlich endlos so verharren können.
Klick.
Ich knipste ein Foto und kletterte den Baum hinunter.
Weißt du, du machst das richtig gut, sagte ich, vielleicht solltest du dir überlegen, das beruflich zu machen.
Sie holte nach mir aus. Ich gehe ins Wasser, kommst du mit?
Wieder Wasser.
Sie pflanzte die Füße in den Sand und blickte mich an. Wie robust sie doch wirkte. Wie ein Grubenpony. Pferdestärke. Sie würde immer durchkommen. Vielleicht hatte sich Richard Burton, der Bergmannssohn, deshalb in sie verliebt, eine walisische Schönheit mit rabenschwarzem Haar, wie er keine bessere in den Tälern hätte finden können. Sie erinnerte ihn an seine Heimat.
Klick.
Das war die letzte Aufnahme, die ich von ihr machte.
Als wir zum Meer hinuntergingen, bemerkte ich, daß das Objekt am fernen Ende des Strandes viel näher gekommen war. Es waren zwei Objekte, nicht eines, zwei am Strand entlangreitende Gestalten, etwa eine Viertelmeile weit weg. Sie hatten Chris längst passiert. Er stapfte weit hinter ihnen am Ufer dahin.
Wir planschten ein bißchen in den Wellen und kehrten dann zu der Matte zurück, um uns von der Abendsonne trocknen zu lassen. Dabei drehten wir dem Wind den Rücken zu, um unsere Zigaretten anzuzünden, und rauchten zufrieden, während sich die Sonne ins Meer hinuntersenkte.

Ein Mann und ein Junge, beide auf einem *burro*, kamen am Strand auf uns zu. Offenkundig waren sie keine Paparazzi oder Geheimagenten, die die mexikanische Regierung zu Elizabeths Schutz ausgesandt hatte. Ich fragte sie, ob sie sich daran erinnere, wie sie beim Essen an dem Abend, als Richard Dunbars Gedicht vortrug, Butter mit *burro* verwechselt habe.

Ja, antwortete sie, was war das bloß? Hatte ich begriffen, was da vor sich ging, als er das Gedicht rezitierte?

Ich sagte, es habe nach einem Mann geklungen, der Angst hatte und um Hilfe rief.

Ja, aber Angst wovor, fragte sie. Was war los mit ihm? Warum war er so verschlossen? Wir lagen da und schauten auf das Meer. Keiner von uns hatte eine Antwort.

Nach einer Weile kehrte sie zu dem Thema zurück, das sie das erste Mal in der Toilette angesprochen hatte. Sie fürchtete, daß sich ihr Mann nicht mehr für sie interessierte. Wahrscheinlich war sie dabei, ihn zu verlieren. Sie langweile ihn. Ich sagte, meiner Meinung nach langweile er sich selbst, denn Langeweile sei etwas, das mit einem selbst beginne, und ich zitierte Johnsons Bemerkung, wer das Interesse an London verloren habe, habe das Interesse am Leben verloren. Das genau sei es, sagte Elizabeth. Sie habe nicht die gleichen intellektuellen Ansprüche wie Richard. Deshalb langweile sie ihren Mann.

Ich sah, wie Christopher in seinen blauen Shorts, einen Palmenzweig am Strand entlangschleifte, um auf sich aufmerksam zu machen. Er hatte eine angemessene Zeit verstreichen lassen. Nun war er auf dem Rückweg.

Sie war ziemlich streng erzogen worden, sagte Elizabeth und wechselte das Thema, und hatte gelernt, nicht zuviel von ihren Gefühlen zu zeigen. Anständige Mädchen hätten nicht mit Sex außerhalb der Ehe experimentiert, als sie heranwuchs. Wenn man Sex wollte, habe man geheiratet. Das schien mir bereits eine Antwort auf meine Frage zu sein, wie sie es geschafft hatte, in einem halben Dutzend Jahre fünf Männer zu heiraten. Vielleicht war sie in dieser Hinsicht ein bißchen altmodisch, meinte sie, aber Sex sollte nun einmal dem Mann vorbehalten bleiben, den eine Frau liebte. Man könnte schwer sagen, was die wirklichen Gefühle eines Menschen waren. Zum Beispiel wußte sie nicht, was ich von ihr hielt. Sie hatte nicht den Eindruck, von mir richtig akzeptiert zu werden.

Elizabeth sah Chris kommen und winkte ihm zu.

Zuerst war ich erstaunt über diese Bemerkung, doch als ich es mir durch den Kopf gehen ließ, begriff ich, worauf sie hinauswollte. Es stimmte, daß ich mich um eine gewisse Distanz zu ihr bemüht hatte. Vielleicht hatte ich gerade deshalb zuviel Nähe zu ihr vermieden, weil ich mich von ihr angezogen fühlte und mich das beunruhigte. In Elizabeths Gegenwart war ich weniger unbefangen, als sie es war. Es lag nicht nur an Richard und der Tatsache, daß sie mich auf Treu und Glauben in ihr Haus aufgenommen hatten. Eine Zeitlang hatte mich das Ausmaß ihres Ruhmes eingeschüchtert. Das war vorbei. Nun sah ich sie als Menschen ohne den Ruhm, der in gewisser Weise nichts mit ihr zu tun hatte, und stellte zu meiner Verwirrung fest, daß meine eigene Unsicherheit offenbar Widerhall in ihren Gefühlen gefunden hatte. In Wahrheit unterschieden sich ihre Hoffnungen und Ängste nicht von denen anderer Menschen. Jeder möchte akzeptiert werden. Es war eine banale, doch unter diesen Umständen aufwühlende Erkenntnis für mich.

Doch statt Elizabeth all diese Dinge zu erklären, wozu sie mir eine Gelegenheit bot – und das obendrein an einem Strand, an dem wir zwei Stunden lang ohne eine Menschenseele im Umkreis von einer halben Meile allein waren –, sagte ich nur, es tue mir leid, daß sie glaube, von mir nicht akzeptiert zu werden, denn natürlich tat ich das, aber ich hatte es wohl nicht sehr deutlich gemacht.

Klick.

Der Moment war vorbei. Er würde nie wiederkommen.

12

Aus Puerto Vallarta flogen die Jungen und ich über Mexico City und über die Bahamas zurück nach Europa, und wo immer wir landeten, war man über unsere Ankunft benachrichtigt worden. Es wurden Hotelaufenthalte organisiert, Restaurantbesuche, Einkaufstouren und private Besichtigungen in Autos mit Chauffeur. Sämtliche Rechnungen wurden bezahlt. Wir bekamen die Organisatoren nicht einmal zu Gesicht, sondern nur ihre Vertreter und eine Reihe von traumhaften Autos. In Mexico City war es Aldo, ein geschmeidiger, wohlgenährter Mexikaner in einem gigantischen himmelblauen Cadillac mit Flossen, der uns die moderne Stadt und die außerhalb gelegenen uralten Mayastätten zeigte. In Nassau war es Vincent, ein geheimnisvoller Engländer, der etwas mit der Verwaltung des auf den Bahamas deponierten Burton-Taylor-Geldes zu tun hatte. Er traf am Flughafen in einem offenen Bentley aus der Vorkriegszeit ein und fuhr uns auf der Insel herum, damit wir uns während unseres zweistündigen Zwischenstopps nicht langweilten, aber je mehr wir von der Insel sahen, desto langweiliger wurde sie. Außer Golfplätzen und Banken – darunter die Bank von Nassau, von der mein monatliches Gehalt überwiesen wurde – gab es nichts zu sehen. Bis dahin war die

Bank von Nassau für mich ein Spuk gewesen, an den ich genausowenig glaubte wie an den Heiligen Geist. Ich bat Vincent an der Bank vorbeizufahren. Es war beruhigend, eine wirkliche Bank vorzufinden, deren Schalterangestellte den Kunden wirkliches Geld auszahlten. Nun konnte ich mehr oder weniger wahrheitsgetreu behaupten, daß ich Geld auf den Bahamas hätte. Geld auf den Bahamas klang eindrucksvoller als ein Konto bei der Midland Bank in Surbiton.

In London wurden wir von einem alten Freund der Familie empfangen, Gaston, dem Chauffeur der Chauffeure, der am Steuer eines der weniger vornehmen Rolls-Royce aus seinem Fuhrpark saß. Er brachte uns drei zu unserer Gastgeberin Norma Heyman, die Casa Kimberley einen Besuch abgestattet hatte. Einer nach dem anderen zollten wir Mexiko Tribut und lagen eine Woche mit Fieber und Durchfall im Bett. Christophers älterer Bruder Michael war gerade mit seiner Frau Beth aus Indien zurückgekehrt. Beide lagen ebenfalls im Krankenhaus. Es war wie eine der ägyptischen Plagen. Die gesamte jüngere Generation war heimgesucht worden. Michael und Chris besuchten einander abwechselnd am Krankenbett. Als Chris sich erholt hatte, besuchten wir seinen Vater, den Schauspieler Michael Wilding. Er saß im Bademantel mit seiner Frau in einer düsteren, ungelüfteten Wohnung, rauchte Kette und redete eine Stunde lang zusammenhanglos auf uns ein. Das Treffen mit seinem Vater bedeutete Chris wenig, er hatte sich nichts davon erwartet. Von der Beziehung zu seinem älteren Bruder, den er aus der Ferne idealisiert hatte, erwartete er allerdings mehr. Mein Eindruck war, daß die Begegnung ihn enttäuschte. Sie hatten sich auseinandergelebt. Es gab kaum etwas, das Chris in London halten konnte.

Wir flogen weiter nach Genf. Diesmal fanden wir keinen Chauffeur, nur ein Auto vor, allerdings nicht den Tornado, den wir uns erhofft hatten, denn er war in Gstaad geparkt, sondern einen Mercedes. Dieser wurde mir so lange überlassen, wie ich ihn haben wollte, von Aaron, dem Schatzmeister der Familie, bei einem konspirativen Treffen auf dem Parkplatz des Hotel President am Ufer des Genfer Sees. Ein praller Umschlag mit der Aufschrift »Spesen« wechselte ebenfalls den Besitzer. Die Jungen und ich verbrachten eine Nacht im Hotel President. Dort aßen wir trotz der mißbilligenden Blicke und Kommentare der anderen Gäste in dem mit einem üppigen Teppich ausgelegten, von Kerzen beleuchteten Speisesaal zu Abend – dank einem Oberkellner, der beim Anblick der nackten Füße und der zerfetzten Batman-Umhänge meiner Zöglinge ein Auge zudrückte, da er wußte, wer sie waren.

Es war Frühsommer, aber an den schattigen Stellen an der Straße nach Gstaad lag noch über einen Meter hoch Schnee. Chris Taylor hatte nie zuvor Schnee gesehen. Also hielt ich an, und er sprang hinaus, zuerst stumm vor Erstaunen, und prüfte den Schnee vorsichtig, dann jauchzte er, während sein Cousin und er einander mit Schneebällen bewarfen. Nach der Enttäuschung in London – der Erkenntnis, daß es dort keinen Ort gab, an den er gehörte – freute Christopher sich darauf, ein Zuhause auf dem Familiensitz in Gstaad vorzufinden. Er war stolz und sogar ein wenig aufgeregt, als er uns das Haus zeigte. Doch wie sich herausstellte, war der einzige Bewohner, der Christopher von früheren Besuchen kannte und ihn mit einer gewissen Begeisterung begrüßte, der Hund Sebastian. Wer an so vielen Orten ein Zuhause sucht, findet sich bald nicht mehr zurecht. Das Zuhause in Gstaad wurde gegenwärtig von Fremden bewohnt, zwei Pflegerinnen aus Großbritannien, die sich um Richards Bruder Ivor kümmerten. Man hatte den todkranken Ivor aus Wales hierhergebracht, und das Haus wurde für den Rest seines Lebens zu einem Pflegeheim. Die Betreuerinnen machten keinen allzu freundlichen Eindruck auf mich, sie waren mißtrauisch wie alles Personal und fürchteten um ihre Privilegien. Sie führten in Gstaad ein bequemes Leben und durften auch Richards 240 km/h-Tornado benutzen, weshalb wir mit einem Mercedes abgespeist wurden. Der Tornado war das Auto, von dem die Jungen träumten, aber ich hätte mich mit dem zweiten Gefährt in der Garage abgefunden, einem sehr schönen dunkelgrünen 1947er Rolls-Royce, dessen Karosserie von Mulliner-Park-Ward stammte und von dem man nicht mehr als ein halbes Dutzend Exemplare gebaut hatte. Leider war das Auto nicht in Betrieb. Wir setzten uns abwechselnd ans Steuer des Wagens und lenkten ihn durch unsere Phantasie.

An der Grenze saßen wir erneut mehrere Stunden unfreiwillig in dem Mercedes, während er von Zollbeamten durchsucht wurde, die sich uns vorgenommen hatten. Mit unserem langen Haar und meinem von Motten zerfressenen Bart, unseren Batik-Hemden, den Batman-Kostümen und Jethro-Tull-Hüten, ganz zu schweigen von einem Umschlag mit der Aufschrift »Spesen«, der mit großen Scheinen in verschiedenen Währungen vollgestopft war, machten wir einen sehr dubiosen Eindruck. Zum Glück übersahen deutsche wie Schweizer Beamte den Vorrat Acapulco Gold, den ich in einer Seitentasche meines Tabaksbeutels verstaut und völlig vergessen hatte.

Sieben Jahre zuvor, in Christophers Alter, war ich zum ersten Mal für einen Schüleraustausch in München gewesen, um die Sprache zu lernen. Ein Jahr später, als ich aus meinem Internat in England davonlief, kehrte ich nach München zurück. Wie Chris hatte ich fast mit dem Moment meiner Geburt begonnen, durch die Welt zu reisen. Wir beide waren in eine Reihe von Internaten gesteckt worden, in denen wir uns nicht wohl fühlten, hatten die Ferien bei einer Reihe von Angehörigen verbracht, die wir kaum kannten, oder waren Fremden anvertraut worden, die gegen Bezahlung auf uns aufpaßten. Da wir von früher Kindheit an an zu vielen Orten bei zu vielen Menschen gewesen waren, fehlte uns beiden die Kontinuität im Leben. Wohl deshalb – wir stellten uns auf das Leben als Provisorium ein – fiel es uns schwer, uns auf dauerhafte Beziehungen einzulassen. Für mich änderte sich das in dem Augenblick, als ich in München eintraf und Armgard kennenlernte.

In dem Haus, in dem ich während meines Sommeraustausches wohnte, herrschte ein liebevoller Geist, der einen mit Wärme und Licht und mit Fürsorge ohne Aufdringlichkeit umgab. Das alles ergab sich aus Armgards Persönlichkeit und ihrer Überzeugung, daß jeder Tag ein Festtag war. Scharen junger Menschen stellten sich jeden Sommer ein und wurden in eine Großfamilie aufgenommen, der sie auch nach ihrer Abreise weiterhin angehörten. Ich hatte mich hier wie zu Hause gefühlt und war geblieben. Das schien mir auch für Christopher die beste Lösung zu sein, und nachdem ich mit ihm darüber gesprochen hatte, erzählte ich Richard und Elizabeth davon. Die beiden hatten angeboten, bis zum Abschluß unseres Unterrichtsjahres ein Haus, wo immer wir wollten, zu mieten.

Mitten im Sommer fuhren Christopher und ich nach Zürich, wo die Prüfungen für eine Ansammlung von

Nomadenkindern in einem Saal des British Council abgehalten wurden. Auch wir hatten bis dahin so etwas wie einen nomadischen Unterricht geführt. Der Unterricht wurde abgehalten, wo immer es Platz gab in einem vom Kommen und Gehen der vielen Gäste bedrängten Sommer: im Gartenhaus, einer einstigen Jagdhütte im hinteren Teil des Anwesens, auf dem Balkon oder anderswo im Freien. Um den Erhalt des Unterrichts mußte bisweilen gekämpft werden. Dem Stundenplan nicht unbedingt zuzurechnende Fächer machten ihm immer wieder Konkurrenz: Wasserschlachten auf dem Dach, Fahrradpolo auf dem Rasen, ein dringendes Bedürfnis, jemanden in den Swimmingpool zu werfen, das Kreischen von Kanaka, einer jungen Krähe, die von den Jungen aufgezogen wurde, nachdem sie aus dem Nest gefallen war und sich fortan mit rauher Stimme in französische unregelmäßige Verben, Dezimalstellen oder die Herrschaft von Heinrich III. einmischte. Der Höhepunkt des Sommers war Kanakas Jungfernflug vom Balkon bis zu einem Baum am Ende des Gartens. Der Tiefpunkt war ihr Flug gegen ein Fenster, bei dem sie sich das Genick brach. Schluß und aus war's, als Howard Taylor mit seiner Frau und zwei Kindern in München eintraf, um Chris abzuholen und mit ihm nach Kauai heimzukehren. Ich schrieb ihm auf Philisterlatein ein Zeugnis, in dem ich ihn großzügig zu einem Oberschüler beförderte. Friedenspfeifen wurden geraucht, um das Ereignis zu begehen.

Mittlerweile wußten wir, daß Christopher zwei seiner Prüfungen bestanden hatte, was angesichts der sehr kurzen Zeit, in der er sich mit dem Lehrplan befaßt hatte, eine respektable Leistung war. Er beschloß, weitere zwei Jahre bei uns in München zu bleiben und ein paar A-Level-Prüfungen abzulegen, um seine Schulausbildung abzuschließen. In den drei Jahren, die er in der alten Jagdhütte im hinteren Teil des Grundstücks wohnte, fand niemand außer einem Kreis von Freunden heraus, wer er war. Sich selbst überlassen, gewöhnte er sich ein, wie ich gehofft hatte. Er spielte, ging in die Schule und führte ein normales Leben. Manchmal verhielt er sich auch etwas sonderbar. Er hatte einiges verpaßt, während er heranwuchs, und mußte es nun nachholen. Mit 15 Jahren besaß er die Erfahrenheit eines 18jährigen. Mit 17 spielte er zuweilen mit Spielzeug wie ein Zehnjähriger. Er wurde rückwärts erwachsen.

Sechs Monate nach meiner Abreise aus Mexiko traf ich Richard und Elizabeth im Dorchester Hotel in London wieder. Wir alle waren guter Laune und freuten uns über unser Wiedersehen. Eine von Elizabeths ersten Fragen war, wie die Bilder vom Strand geworden waren. Ich hatte die Dias in der Tasche, konnte sie ihr jedoch erst zeigen, als sich die beiden Männer von Scotland Yard endlich verabschiedet hatten. Wir saßen eine halbe Stunde lang mit ernstem Gesicht da und hörten zu, wie die Polizisten Elizabeth über die Sicherheitsmaßnahmen informierten, die für sie und Richard getroffen würden, und welche Nummer sie anrufen sollten – die Privatnummer des Polizeichefs –, wenn sich jemand verdächtig benahm. Unter dem Vorwand, Elizabeth über derartige Schutzmaßnahmen zu unterrichten, ließ kein höherer Polizeibeamter einer Stadt, in der sie sich gerade aufhielt, die Gelegenheit aus, sie zu einem Gespräch in ihrem Hotelzimmer aufzusuchen. Infolge der Unterbrechungen durch Polizisten, den Zimmerdienst und ständige Anrufe hatten wir kaum mehr als eine halbe Stunde Zeit für unsere Unterhaltung. Die Zeit war noch knapper, als ich Richard am folgenden Tag am Set von *Die alles zur Sau machen* besuchte. In der Mittagspause verschwand er, von einer Menschenmenge umringt, in den weißen Rolls-Royce. Ich stand in der Menge und sah zu, wie er sich entfernte und wieder in die Rolle des unerreichbaren Filmstars schlüpfte. Erst jetzt, als Elizabeth und Richard wieder ihren Götterstatus annahmen und sich hinter den Gittern des Ruhmes verschanzten, begriff ich, wie einzigartig unsere gemeinsame Zeit in der Casa Kimberley gewesen war.

Ein Jahr später kam es zu einem Treffen in dem Münchner Bavaria-Studio, wo Richard *Blaubart* drehte; ein Jahr danach erhielt ich eine Einladung zur Feier von Elizabeths vierzigstem Geburtstag in Budapest und schließlich eine offene Einladung, auf ihre Kosten im teuersten Restaurant von Paris zu speisen. Beide waren großzügig und loyal. Gelegentlich schickten sie mir ein Geschenk oder einen Brief, getippt auf Richards Reiseschreibmaschine mit einem von Elizabeth gekritzelten Postskriptum. Aber wir sahen uns nie wieder. Als Chris seine Ausbildung abgeschlossen hatte und nach Amerika zurückgekehrt war, verloren wir allmählich den Kontakt. Man bot mir einen Posten als Regieassistent an, aber ich lehnte ab, denn ich sah ein, daß das Theater nicht der richtige Beruf für mich war. Kurz nach Christophers Abreise verließ ich Europa, um in Japan zu studieren, wo ich mehrere Jahre verbrachte. Der letzte Brief, den ich von Richard erhielt, erreichte mich dort.

Richard Burton und Elizabeth Taylor ließen sich scheiden, heirateten erneut und ließen sich wieder scheiden. Aus der Ferne vermutete ich, daß es sich in erster Linie um einen so heroischen wie hoffnungslosen Kampf ihrerseits handelte, die Liebe nicht verglühen zu lassen. Aber nun hatte ich es mit Medienereignissen zu tun. Ich wußte nicht mehr über sie als das, was ich in den Zeitungen las. Aber ich fühlte mich persönlich betroffen als Mensch, der beiden nahegestanden hatte und ihnen vielleicht immer noch nahestand. Dieses Gefühl wurde im Lauf der Zeit nicht schwächer. 1976 kehrte ich aus Japan nach Europa zurück. Acht Jahre später, mit 59 Jahren, war Richard tot.

Irgendwo auf dieser atemlosen Reise von dem walisischen Bergarbeiterhaus, wo er mit einer Schar von Brüdern und Schwestern aufwuchs, zu der Schauspielschule und seinen ersten Erfolgen unter Anleitung von Philip Burton, von dort nach Oxford und zu studentischem Ruhm, von dort zu den Brettern des Old Vic und von Stratford-upon-Avon zum Broadway und zu internationalem Ruhm, war Richard vom Weg abgekommen, hatte sein Talent für überflüssige Actionfilme vergeudet, die er besser weniger begabten Schauspielern überlassen hätte, und den Dingen, die er kannte und am meisten liebte, den Rücken gekehrt und sich zu Tode gesoffen – so könnte man sein Leben vielleicht zusammenfassen, und Richard in seiner Eigenschaft als Moralist hätte zugestimmt.

»Jeder hat eine Wahl: eine leichte und eine schwierige. Die meisten Menschen, unabhängig von ihrem Handwerk, ihrem Beruf oder ihrer Herkunft, sehen sich irgendwann vor eine eindeutige, leichte und eine schwierige, lohnendere Wahl gestellt.«

War es Richards eigene Einschätzung, daß er sich für den leichten Weg entschieden hatte, indem er einer ernsthaften Schauspielerkarriere, Dunbar, Shakespeare und den übrigen den Rücken kehrte, sich das Geld und das Mädchen schnappte und abhaute?

Zwei Jahre vor Richards Tod arbeitete ich an einer Studioaufnahme mit Anthony Quayle, der ihn in Stratford in ihren gemeinsamen Jahren als aufsteigende Jungstars der britischen Bühne gut gekannt hatte. Er erzählte mir, er habe Richard einmal gebeten, mit ihm eine Saison am Repertoiretheater zu bestreiten. Es war eine Ochsentour durch die Provinz, aber nichts verschaffte einem Schauspieler mehr Erfahrung als das Repertoiretheater, und Generationen nahmen die Schinderei auf sich, um ihre Technik zu verbessern. Doch Richard lehnte ab. Er hatte Angst, daß die Technik seine wirkliche Stärke beeinträchtigen würde, nämlich seinen Instinkt. *Ich kann es einfach*, erklärte er Quayle.

Sein Freund und Vorbild Dylan Thomas hätte das gleiche von sich gesagt. Inspiration, ein wenig Alkohol, kein Sicherheitsnetz – das galt gleichermaßen für beide, Wortmagier und Wunderkinder, die sie beide unbestreitbar waren. Man mußte es eben einfach können. Das war das Verhängnis des Wunderkindes. Es war so einfach, wenn es klappte, kinderleicht. Wenn nicht, war man verloren.

Es mochte eine schwierigere, lohnendere Methode gegeben haben, aber sie kam für Richard Burton genausowenig in Frage wie für Dylan Thomas. Für Risikounternehmer kam nur in Frage, es rasch hinter sich zu bringen und auszusteigen.

Mit neununddreißig Jahren war Dylan tot. Richard hatte zwanzig Jahre mehr, um den Verlust der Inspiration zu betrauern und an seiner Klage um die Dichter zu arbeiten.

Der einst ich war in Lust und Freud',
Bin nun in tiefer Traurigkeit,
Krank und geschwächt von schwerem Weh,
Timor mortis conturbat me.

Mit neununddreißig Jahren war Richard nicht mehr oft live auf der Bühne zu sehen. Mutig gestand er, daß er sich davor fürchte. Eine Alternative, die sich ihm bot, war das Kino, um das zu werden, was in Ermangelung eines besseren Wortes als Star bekannt war. Aber dies war nicht der entscheidende Punkt, oder jedenfalls nicht ganz. Entscheidend war, daß man im Film Einstellungen immer wieder neu drehen konnte. Es gab ein Sicherheitsnetz. Man konnte spielen, ohne sein Leben aufs Spiel zu setzen.

Mit vierzig Jahren ließ sich Richard von seinem ehemaligen Professor Nevill Coghill überreden, zu einem jener seltenen Theaterauftritte, die er hin und wieder absolvierte, nach Oxford zu kommen. Er spielte die Titelrolle in Marlowes *Die Historie von Dr. Faustus* – eine Wohltätigkeitsveranstaltung, die Geld für das Studententheater einbringen sollte –, und das Stück lief nur eine Woche. Ich sah es, als ich achtzehn Jahre alt war. So kritisch wie ich jung war, hatte ich vor dem großen Namen wenig Respekt. Ich hielt Richards Darstellung für hölzern. Faustus erwachte nicht zum Leben, weil es ihm an Inspiration fehlte.

Mit vierundvierzig Jahren trug Richard – aufgeputscht durch Tequila, mit einer Inspiration, die an einer zehnminütigen Zündschnur brannte, und mit einem Erinnerungsvermögen, das an einem seidenen Faden hing – Dunbars Klage für ein dreiköpfiges Publikum in dem großen Zimmer der Casa Kimberley vor. Es war der unheimlichste, bewegendste Auftritt eines Schauspielers, den ich jemals erleben sollte.

Bedachte man, daß Richard sich der moralischen Dimension seiner Wahl sehr bewußt gewesen sein muß, so war es bezeichnend, welches Stück er sich ausgesucht hatte. Die Geschichte von Marlowes *Faustus* beruht wie die von Goethes späterem *Faust* auf einer mittelalterlichen Legende über einen Mann, der dem Teufel im Austausch für universelles Wissen, weltliche Reichtümer und übermenschliche Kräfte seine Seele verkauft. Der Teufel erfüllt all seine Wünsche. Auf Faustus' Geheiß beschwört er sogar eine Erscheinung Helenas, der schönsten Frau der Welt, herauf (die in der Oxford-Produktion von Elizabeth Taylor gespielt wurde). Gesättigt von all diesen Wundern, doch immer noch unbefriedigt, muß Faustus auf die Stunde warten, in welcher der Teufel ihn der Verdammnis ausliefert. Er bereut, doch seine Reue kommt zu spät.

Ich wurde von Nevill, der die Produktion inszenierte, nach der Generalprobe zu einem Empfang eingeladen, auf dem ich Richard über das Stück sprechen hörte. Er habe den Faustus seit mehr als zwanzig Jahren spielen wollen, sagte er auf die Frage, warum er sich gerade für dieses Drama entschieden hatte. Also kannte er die Rolle, wenn auch nicht so gut, wie er dachte. Viele von Marlowes Zeilen hörten sich wie Burtons Zeilen an. Damit erntete er Gelächter. Erst zwanzig Jahre später, nach Richards Tod, wurde mir klar, daß er in der Geschichte des Faustus ein Medium gefunden hatte, in dem er ein Echo seiner eigenen Bestrebungen und Ängste hörte. Es war eine Metapher für sein Leben.

Die Touristen, die auf der Straße warteten, um ihm durch das Tor der Casa Kimberley die Hand zu schütteln, können das Haus nun betreten. Die *calle* hat mittlerweile einen Namen und das Haus eine Nummer. Anscheinend hat man es in ein Burton-Taylor-Themenhotel verwandelt, wo Gäste zu einer Besichtigung durch die Räumlichkeiten geführt werden oder sechzig Dollar für eine Übernachtung bezahlen. Verpassen Sie nicht die Brücke der Liebe, und reisen Sie zurück in die Vergangenheit, heißt es auf der Casa-Kimberley-Website. Ich bin nicht zurückgekehrt, um mich selbst davon zu überzeugen, aber nach den Bildern auf der Website zu urteilen, ist das Haus ein bißchen aufgemotzt worden. Wahrscheinlich kann man nicht mehr in einem der am Hinterhof gelegenen Zimmer im Bett liegen und zwischen den Dachträgern die Unterseite der Ziegel anschauen und in den Spalten Flecken des Himmels sehen. Es würde mich freuen, wenn sich immer noch hellgrüne Leguane von dreißig Zentimetern Länge auf dem Dach sonnen, das den Hof umschließt, und wenn Gäste des Burton-Taylor-Themenhotels sie von einer Hängematte zwischen dem Dach und dem Baum beobachten können – vorausgesetzt, der Baum ist noch da. Vom Hof aus konnte man Hunde bellen und Hähne krähen und durch die Wand die Stimmen der Familien in der Barackensiedlung am Hang hören, aber die Siedlung ist vermutlich längst niedergewalzt worden, um Touristenunterkünften Platz zu machen. Spärlich bewachsene Berge erheben sich steil hinter der Küste und erstrecken sich landeinwärts, und am Himmel sieht man vielleicht Bussarde, die sich auf den Warmluftströmungen, die vom Pazifik herüberwehen, auf der Suche nach Beute den Hang hinuntertreiben lassen. Wenn man seine Phantasie schweifen läßt, kann man vielleicht die Brise hören, die die Muscheln eines Windspiels unter den Traufen des großen Zimmers erklingen läßt und die eine oder andere Erinnerung weckt. Und man kann hinuntergehen und in die Vergangenheit treten.

John David Morley
Nach dem Monsun

Eine Kindheit in den britischen Kolonien. Aus dem Englischen von Bernd Rullkötter. 286 Seiten. Serie Piper 3606

David wird in Singapur geboren, in einer Krankenstation dritter Klasse, in der Vögel durch das Zimmer fliegen und der süße, modrige Duft der Tropen hängt. Doch die Welt von Kindermädchen und Chauffeuren gehört bereits einer vergangenen Epoche an. Das Empire ist im Verfall begriffen, die Kolonialbeamten werden nach Hause geschickt, und so muß David die unter den Kolbenbäumen plaudernden Malaienfamilien, die Häuser auf Stelzen und den warmen Tropenregen gegen die strenge Disziplin eines Internats im Süden Englands tauschen. Der Schuldirektor, dessen Holzbein hart auf dem Boden aufschlägt, wird den in der Fremde verwilderten Kolonialkindern den nötigen britischen Geist einhauchen.

»Mit seiner Erzählung macht sich John David Morley auf die Suche nach dem verlorenen Glück in einer verlorenen Zeit. Ein seltener Lektüregenuß, unter dem beim Leser die Erinnerung an die eigene Kindheit wieder lebendig wird.«
Johannes Willms

MALIK

Lieve Joris
Das schwarze Herz Afrikas

Roman. Aus dem Niederländischen von Barbara Heller.
303 Seiten. Geb.

»Das Wasser ist rostfarben, und Inseln von Wasserhyazinthen treiben auf uns zu. Lautlos gleiten junge Männer aufrecht in ihren Einbäumen sitzend an uns vorüber. Ich habe das Gefühl, als segelte ich direkt in eine Photographie im Album meiner Großmutter ...« Schon als Kind fasziniert von den merkwürdigen Erzählungen ihres Onkels, eines Missionars in Belgisch Kongo, unternimmt Lieve Joris als junge Frau selbst ihre erste Reise nach Schwarzafrika – an Bord der Fabiolaville, die bevölkert ist von Glückssuchern und Abenteurern wie sie selbst. Mutig und unvoreingenommen begibt sie sich bis ins von Conrad besungene Herz der Finsternis, um dem Leben jener Menschen näherzukommen, die für »gestern« und »morgen« dasselbe Wort benutzen. Dem von Kolonialmacht und Diktatur gezeichneten Kongo – der zur Zeit ihrer Reise Zaire hieß – stellt Lieve Joris einfühlsam die unvergleichlichen Schönheiten des Landes und seiner Menschen gegenüber.

PIPER

Anita Shreve
Der weiße Klang der Wellen

Roman. Aus dem Amerikanischen von Angelika Felenda.
347 Seiten. Geb.

Im Badezimmer eines luxuriösen kanadischen Hotels betrachtet sich eine schöne, schon reife Frau im Spiegel. Dann fällt ihr Blick auf die elfenbeinfarbenen Leinenkissen auf dem breiten Bett – doch gleich verscheucht sie die Gedanken, die sie dabei überkommen; Gedanken, die sie eigentlich schon lange hinter sich gelassen glaubte. Aber an jenem Abend war sie völlig unverhofft dem Mann wiederbegegnet, der ihr Schicksal immer wieder gefährdet hat: ob damals in Kenia, wo sie als junge Frau im Peace corps gearbeitet hat und Thomas eines Tages auf einem sonnigen, staubigen Markt in die Arme gelaufen war. Eine Begegnung, die sich in dem Urwalddorf, in dem sie lebte, fortsetzte; später in einem heißen Hotelzimmer am Strand, dann auf einem verhängnisvollen Fest... Ihre allererste Begegnung aber, an der Küste Neuenglands, an einer gischtumtosten Pier, war es, die sie, die damals Siebzehnjährige, am entscheidensten prägte. Vielleicht, weil die beiden seit jenem Abend im Oktober ein schreckliches, trauriges Geheimnis verband?